89 Taylor Rules

89 TAYLOR
Rules

SOPHIA & MICHALIS
PANTELOURIS

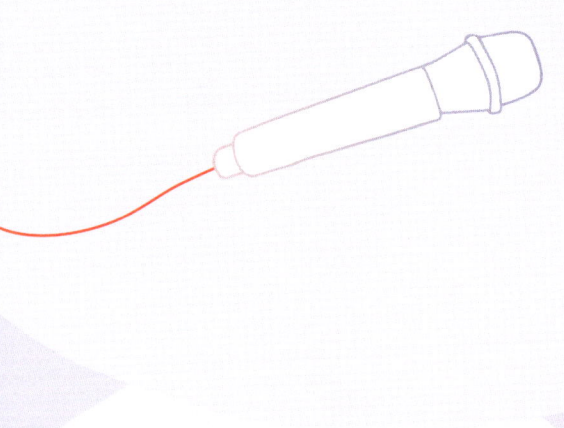

Playlist

1. Fifteen (Taylor's Version)
2. White Horse (Taylor's Version)
3. Long Live (Taylor's Version)
4. All Too Well (10 Minute Version) (Taylor's Version)
5. Holy Ground (Taylor's Version)
6. Clean (Taylor's Version)
7. Getaway Car
8. King of My Heart
9. Dress
10. Cornelia Street
11. this is me trying
12. champagne problems
13. marjorie
14. You're Losing Me (From The Vault)
15. You're On Your Own, Kid
16. The Tortured Poets Department
17. My Boy Only Breaks His Favorite Toys
18. But Daddy I Love Him
19. I Can Do It With a Broken Heart
20. thanK you aIMee

Vorwort

TAYLOR SWIFT ist der größte Star der Welt, und wir glauben, man kann viel von ihr lernen. Sehr viel. Wir tun es nämlich selbst, und das kam so: Sophia ist seit Jahren ein Swiftie, und ihr Vater hat nicht ganz verstanden, wieso. Also hat sie es ihm erklärt. In stundenlangen Diskussionen, über viele Monate. Aus dem, worüber wir gesprochen haben, ist dieses Buch entstanden.

Von inzwischen zwei Swifties – für Swifties.

If life breaks your shoe, dance barefoot

1 **ES WAR DER DRITTE ABEND** der Eras-Tour, in Rio de Janeiro (Brasilien) im November 2023. Bei »Purple Lover« brach der Absatz an einem von Taylors glitzernden Louboutin-Stiefeln, sodass sie bis zum Kostümwechsel gezwungen war, zu gehen als hätte sie Füße wie Barbie. Natürlich hat sie es gut gemeistert – niemand hätte ernsthaft etwas anderes erwartet, sie ist ein absoluter Profi. Erstaunlich war, dass bei einer so minutiös geplanten Tournee wie »Eras«, einer der – wenn nicht DER – größten Tourneen aller Zeiten, so etwas passiert.

Es ist ein weiterer Beweis für eine Regel im Leben, mit der wir uns abfinden müssen: Irgendwas wird immer schiefgehen. Du kannst noch so gut planen, das Leben wird dazwischenkommen. Wenn du jemand bist, für den immer alles perfekt laufen muss, ist das eine schmerzhafte Erkenntnis, und niemand mag unangenehme Überraschungen. Trotzdem ist es wichtig, dass es so ist, denn das Leben ist eine Reise, keine Klassenarbeit. Es geht nicht darum, alles zu kontrollieren, es geht darum, intensiv zu erleben. Wir messen ein Erlebnis nicht daran, ob es perfekt war, sondern wie es uns berührt hat. Die Menschen, die an diesem Abend in Rio dabei waren, werden vielleicht für immer die Geschichte erzählen, wie Taylors Absatz abgebrochen ist (auf jeden Fall wird es der Fan tun, der ihren Absatz mit nach Hause nehmen konnte). Manchmal brechen Dinge. Manchmal erschreckt uns das.

Manchmal tut es weh. Aber wir werden nie den Abend vergessen, an dem wir barfuß getanzt haben.

Love again.
And again

2 TAYLOR SWIFT IST VERLIEBT. Jeder kann das sehen, der zum Beispiel die Bilder von ihr und Travis Kelce nach dem Super-Bowl-Sieg im Februar 2024 gesehen hat.

Dabei ist ihr Herz in den letzten Jahren Dutzende Male gebrochen, das weiß jeder, der wenigstens ein paar von ihren Liedern gehört hat.

Was wohl bedeutet: Es geht immer weiter. Nach dem Breakup-Song ist vor dem Liebeslied. Und dann, wenn es sein muss, wieder von vorn.

Klebe hier dein liebstes
Taylor-Travis-Bild ein.

IN MY ERA

Listen to
your pain

3 **LEBEN TUT WEH.** Das gehört dazu. Wenn es Glück gibt, dann gibt es auch Unglück. Es hängt beides zusammen, denn um das eine fühlen zu können, müssen wir auch das andere fühlen. Einige der schönsten Lieder handeln von den schrecklichsten Momenten. Trauer, Wut und Verletzungen gehören zum Leben, auch wenn wir uns oft wünschen, es wäre nicht so.

Der Wunsch ist normal, aber er ist gefährlich. Denn was wäre, wenn er wahr würde? Es würde bedeuten, dass wir taub werden und das Leben nicht mehr spüren. Und viele Menschen versuchen das.

Es ist der Grund, warum Menschen Drogen nehmen, zu viel Alkohol trinken, zu viel Zucker essen oder zu unerträglichen Menschen werden. Und das ist niemals ein gesunder Weg.

Taylor Swift schreibt Lieder über ihren Schmerz. Wenn sie ihn nicht spüren würde, könnte sie das gar nicht. Es gibt ein Beispiel dafür, dass man fantastische Musik schreiben kann, wenn man taub ist, nämlich den Komponisten Ludwig van Beethoven. Der konnte im Alter nicht mehr hören, aber er war inzwischen so gut darin, Musik vor seinem inneren Ohr zu hören, dass er trotzdem Symphonien schreiben konnte.

Sie gehören zu den schönsten und berühmtesten aller Zeiten. Aber es gibt kein einziges Beispiel für gute Musik, die mit einer tauben Seele geschrieben wurde.

Man muss sich nicht alles im Leben zu Herzen nehmen, es gibt Ausnahmen (zu denen kommen wir bei dem Punkt »Shake It Off«). Aber grundsätzlich ist dein Schmerz ein Teil von dir, und es ist ein guter Teil. So wie deine Hand schmerzt, wenn du dich schneidest, schmerzt deine Seele, wenn sie verletzt wird. Du würdest niemals sagen: »Dumme Hand, warum bist du zu schwach, der Klinge eines Küchenmessers zu widerstehen!« Genauso wenig ist eine Seele nicht zu schwach, weil sie verletzt ist, wenn Menschen – oder das Leben an sich – gemein zu dir sind. Es ist eine gesunde Reaktion auf eine ungesunde Situation. Das bist du. So fühlst du. Wenn dich etwas verletzt, dann heißt das nicht, dass du schwach bist, es zeigt erst einmal nur, was dir wichtig ist.

Ungerechtigkeit verletzt dich? Gut, das zeigt, dass dir Gerechtigkeit wichtig ist. Unehrlichkeit? Na klar, Ehrlichkeit ist wichtig. Unverschämtheit? Schon tausend Mal erlebt!

Und dann gibt es noch all die Schicksalsschläge, die einen treffen können, ohne dass jemand Schuld daran hat. Das Leben ist nicht einfach. Du musst stark sein. Aber Stärke zeigt sich nicht darin, dass du den Schmerz nicht spürst, sondern darin, dass du deinen Weg aus dem Schmerz herausfindest.

Taylor Swift schreibt Tagebuch. Noch bevor ein Song entsteht, schreibt sie ihre Gefühle auf. Das ist ihr Weg, mit den unangenehmen Seiten des Lebens umzugehen. Es muss nicht deiner sein, aber du brauchst einen – und zwar einen, der gesund für deine Seele ist. Manche gehen stundenlang spazieren, andere malen oder machen Sport. Es ist nicht so wichtig, was es ist.

Alles kann dein Tagebuch sein. Du kannst Nummer-1-Hits schreiben oder stricken, es ist beides gleich gut. Was deine Seele braucht, ist, dass du dich um sie kümmerst. Nimm sie ernst. Das Glück kommt wieder, und du wirst es umso mehr spüren, weil du dir das Fühlen erlaubst.

Do the work

4 WIE MACHT MAN DAS: Abend für Abend vor ausverkauften Stadien zu performen, dreieinhalb Stunden lang in dieser aufwendigen Choreografie – ohne Fehler?

Die Antwort ist: üben. Es ist Arbeit. Angeblich hat Taylor in der Vorbereitung auf die Eras-Tour regelmäßig alle Songs durchgesungen, während sie auf dem Laufband gerannt ist. Und das, bevor die eigentlichen Proben begonnen haben. Denn das ist, was echte Profis machen: Sie trainieren nicht nur so lange, bis sie etwas können, sondern so lange, bis sie es nicht mehr falsch machen können. Das ist Einsatz.

Take your time

5 **IN DER SCHLIMMSTEN PHASE** des unsäglichen Streits mit Ye (der begann, als Ye noch Kanye West hieß und der weit größere und beliebtere Star war) kursierten Hashtags wie #TaylorSwiftIsCanceled. Sie wurde als berechnende »Schlange« verhöhnt, als Lügnerin und als Fake. Wir wissen heute, dass sie stärker aus dem Konflikt herausgekommen ist, als sie es vorher war. Aber das war damals nicht abzusehen. Für Taylor fühlte es sich an, als wären ihr Leben und ihre Karriere zerstört. Sie hat später erzählt, dass sie sofort wusste, dass sie über diese Zeit Musik schreiben würde, einfach deshalb, weil es die Art ist, wie sie mit Dingen umgeht. Doch sie ließ sich Zeit. Wahrscheinlich ist es sogar besser zu sagen: Sie nahm sich Zeit. Anstatt genau so wild und heftig zu antworten, verschwand sie eine Weile aus der Öffentlichkeit. Es hat sie stärker gemacht.

Man kann sich viel davon abgucken, denn Zeit ist eine Quelle, aus der wir oft nicht genug schöpfen. Wir sind nicht Taylor Swift, die allermeisten von uns können nicht für ein Jahr nach England verschwinden, wenn das Leben uns durchgeschüttelt hat – aber wir müssen auch nicht jedes Mal sofort springen, wenn etwas passiert. Wir können eine Nacht drüber schlafen. Wir können uns die Antwort in Ruhe überlegen. Wir können uns die Zeit nehmen, um zu erleben, ob uns etwas in ein paar Tagen noch genauso berührt wie jetzt gerade.

Denn wir verwechseln sehr oft, was wirklich wichtig ist mit dem, was gerade dringend ist.

Taylor schrieb in der Zeit, in der sie sich von der Welt zurückzog, ihr sensationelles Album »Reputation«. In jedem Fall ist es eine sehr gelungene Antwort auf die Vorwürfe, die ihr entgegenschlugen – inklusive Videos von zischenden Schlangen.

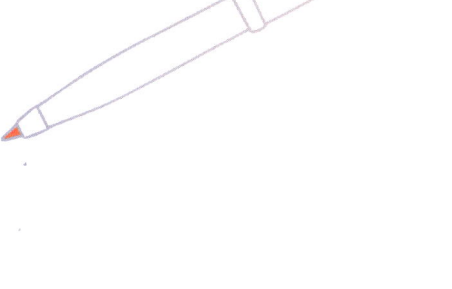

Make
memories

6 **»MAY THESE MEMORIES BREAK OUR FALL«** – diese Zeile aus »Long Live« ist bestimmt eine der schönsten überhaupt. Und sie ist selbst eine Erinnerung daran, dass wir alle Erinnerungen besitzen, die uns helfen, wenn gerade alles schiefläuft.

Was ist deine liebste empowernde Songzeile?

Turn feelings into energy

7 NICHT JEDER VON UNS SCHREIBT LIEDER, Gedichte oder auch nur Tagebuch. Menschen, die es tun, haben bestimmt einen Vorteil, wenn es darum geht, Dinge zu verarbeiten. Wenn der Tag furchtbar war, dann schreibt man es auf, vielleicht gleich mit einer Melodie dazu im Kopf. Und wenn der Tag schön war, dann auch.

Es muss allein schon deswegen großartig sein, Taylor Swift zu sein, weil aus jeder furchtbaren Trennung ein tolles Album wird, oder?

Die Antwort ist: ja, stimmt. Zum Teil, jedenfalls. Denn auch bei Taylor wird eine Trennung nicht von allein zu einem Album. Sie nutzt ihre Emotionen und wandelt diese um in etwas anderes – in Songs.

Die gute Nachricht ist: Das können wir alle. Vielleicht nicht Songs schreiben, aber Energie verwandeln. Wir müssen uns nur in dem Moment daran erinnern, wenn wir gerade nichts anderes wollen, als uns hinzulegen und eine Decke über unseren Kopf zu ziehen. Manchmal geht es nicht anders, sicher auch für Taylor nicht, aber so wie sie nach einer Gitarre greift, einem Stift und einem Notizbuch, könnten auch wir unsere Gefühle nehmen – wenn wir traurig sind, wütend oder was auch immer – und etwas Besseres daraus machen, als nur im Bett zu liegen und uns zu wünschen, die Welt wäre eine andere.

Der Trick dabei ist, die Werkzeuge bereitzuhaben. Wenn du auch Gitarre spielst, dann leg sie auf dein Bett, damit du sie zumindest in die Hand nehmen musst, bevor du dich verkriechen kannst. Wenn es für dich Laufen ist, dann stell die Laufschuhe mitten in den Weg. Mach es dir so einfach wie möglich, etwas anderes, Schöneres zu tun. Egal was. Tanz im Wohnzimmer! Fahr eine Runde mit dem Fahrrad! Es ist fast egal, was du tust, du darfst nur einen Fehler nicht machen: Glauben, die negative Energie in dir wäre nicht zu ändern, oder sogar, du hättest gerade keine Energie.

Doch, hast du.

Vielleicht ist wirklich gerade die ganze Welt gegen dich, und es gibt einen bösen Hashtag, der millionenfach geteilt wird. Das gibt es, Taylor ist es passiert. Es ist furchtbar. Aber es heißt nicht, dass du nicht deine Energie nehmen und verwandeln kannst. Zu etwas Besserem.

DAYLIGHT

Be romantic

8 **OHNE ROMANTIK** ergeben ungefähr 99,9 Prozent von Taylors Texten keinen Sinn. Das ist der Grund, warum manche – wenige – Menschen mit ihren Texten nichts anfangen können. Aber die Wahrheit ist: Ohne Romantik ergeben ziemlich genau 99,99 Prozent von überhaupt allem keinen Sinn.

Stand up

9 DU HAST WAHRSCHEINLICH die Doku »Miss Americana« auf Netflix gesehen. Eine der Szenen, die am stärksten hängen bleiben, ist der Moment, als Taylor gegen den Rat ihrer Manager-Riege eine Botschaft zum Wahlkampf in Tennessee absetzt. Sie hat das Gefühl, sie muss es tun, weil die Kandidatin der Republikaner ein Frauenbild aus den 50er-Jahren vertritt und die Rechte der LGBTQIA+-Community beschneiden will – Dinge, die Taylor sehr am Herzen liegen. Ihr wird gesagt, ein öffentliches Statement wäre der beste Weg, ihr Publikum zu halbieren – aber sie kann nicht anders. Sie kann nicht länger schweigen zu etwas, das sie ungerecht findet. Sie nimmt ihren Mut zusammen und bezieht Stellung.

Das Ergebnis ist gemischt: Wenn sie zum Wählen aufruft, registrieren sich Zehntausende, doch auch Taylor hat den Wahlsieg der Republikanerin damals nicht verhindern können. Ihr Publikum halbiert hat sie aber auch nicht. Man könnte sagen, eigentlich ist nichts passiert, alles ist hinterher noch genauso, wie es vorher war.

Aber das stimmt nicht.

Denn aufzustehen für das, an was man glaubt, ist wichtig. Möglicherweise kannst du die Welt nicht ändern. Ganz sicher kannst du es nicht jedes Mal, wenn du es gerne würdest. Aber das ist auch gar nicht deine Aufgabe. Deine Aufgabe ist, dein Leben zu leben. Du zu sein.

Und für das zu kämpfen, an was du glaubst, ist ein entscheidender Teil davon. Wenn du am Ende sagen kannst: Ich habe mein Leben nach den Werten gelebt, an die ich glaube – dann warst du erfolgreich.

Love hard

10 **IN TAYLORS SONGS** ist so viel von Einsamkeit die Rede, dass man das Gefühl bekommen könnte, es gäbe nichts Schlimmeres auf der Welt, als keinen Partner oder keine Partnerin zu haben. Aber das gibt es doch. In »Tolerate It« auf »Evermore« erzählt sie die Geschichte einer Frau, die alles für ihre Beziehung tut, aber es kommt wenig zurück. Er liebt sie nicht, er toleriert sie nur.

Solche Beziehungen sind leider nicht selten. Manche Menschen haben solche Angst davor, allein zu sein, dass sie lieber in einer lauwarmen Beziehung sind als in gar keiner.

Mach das nicht. Dein Leben ist zu schade für eine halbe Liebe. Du hast echte, heiße, wilde, abenteuerliche Liebe verdient, gib dich nicht mit weniger zufrieden.

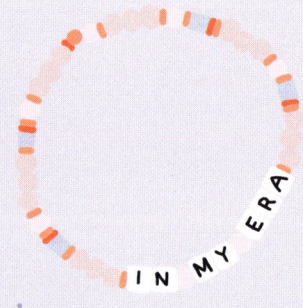

Shake it off

11 WIE GEHT ES DIR? Die Frage hörst du so oft, dass sie fast keine Bedeutung mehr hat. Wie geht's dir? Gut! Das ist so etwas geworden wie Hallo. Wir denken kaum darüber nach. Dabei ist die Frage wichtig. Auch wenn du anderen die Standard-Antwort »gut« gibst, du selbst musst wissen, wie es dir geht.

Du kennst sicher Menschen, die in einem Job festhängen, den sie nicht mögen, oder noch schlimmer, in einer Beziehung, die ihnen nicht guttut. Es gibt Menschen, über denen schwebt eine dunkle Wolke, weil es etwas gibt, das sie nicht verarbeitet haben. So etwas passiert, wenn man sich nicht oft genug fragt: Wie geht es mir eigentlich wirklich damit?

Niemand weiß das immer ganz genau, aber wenn du zu lange nicht auf deine eigenen Gefühle hörst, wirst du unglücklich. Deine Beziehung zu deinen eigenen Gefühlen – man könnte auch sagen: deine Beziehung zu dir selbst – ist die wichtigste in deinem Leben.

Aber es gibt eine elementare Einschränkung: Du musst dich verteidigen können. Du kannst nicht ständig herumlaufen wie eine offene Wunde. Denn es gibt tatsächlich Trolle.

Trolle sind solche, die nichts anderes wollen als verletzen. Im wahren Leben trifft man manchmal echte Mobber, aber im Internet sind sie überall. Sobald ein Bildschirm zwischen ihnen und der Welt ist, gibt es eine ganze Menge davon. »Haters gonna hate, hate, hate, hate«, singt Taylor, und sie weiß, wovon sie spricht.

Du darfst ihnen keine Sekunde deiner Zeit opfern und keinen Funken Energie. Wer nichts Gutes will, hat keinen Grund und kein Recht, auch nur eine Sekunde in deinem Kopf zu wohnen. Und es macht einen riesigen Spaß, sie innerlich einfach auszublenden. Am besten mit den laut ausgesprochenen Worten: Du? Nicht!

Schüttel sie ab. Punkt.

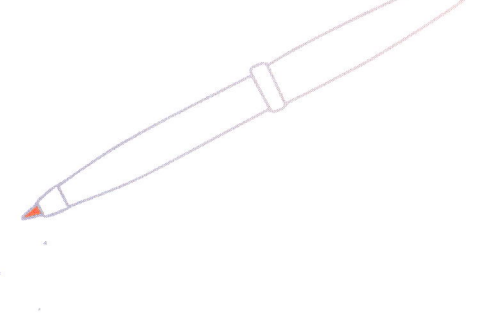

Was ist dein liebster
Breakup-Song und welche Songzeile
berührt dich am meisten?

Make your peace

12 **JEDE UND JEDER VON UNS** wird irgendwann enttäuscht. Wir werden ungerecht behandelt, betrogen, verraten oder hängen gelassen. Wenn wir Taylors Texte hören, dann wissen wir: Ihr ist das alles schon passiert. Das ist das Leben. Du musst nicht verzeihen und du musst nicht vergessen.

Taylor singt über all diese Dinge, was auch bedeutet, sie kann sie niemals vergessen – aber du musst deinen Frieden damit machen. Das Leben geht weiter, geh du auch weiter.

Whatever works

13 **DU KENNST TAYLORS**, wie sollen wir es nennen ... Obsession mit Zahlen, vor allem der Nummer 13, die für sie fast schon magisch ist. Sie findet dauernd Beispiele, warum die 13 ein Teil von ihr ist, angefangen bei ihrem Geburtstag am 13. Dezember, über 13 Sekunden lange Intros in ihren Liedern bis zu ihrer Beobachtung, dass sie früher immer in der Reihe 13 gesessen hat. Für Taylor ist die 13 eine Glückszahl.

Viele Menschen haben Glücks-Rituale, vor allem sehr viele Sportler, die ihre Schuhe immer in derselben Reihenfolge binden, eine Socke auf links drehen oder immer mit demselben Fuß den Platz betreten. Und es funktioniert! Nicht weil sie dadurch wirklich mehr Glück haben, sondern weil sie selbstbewusster sind, wenn sie glauben, dass das Glück auf ihrer Seite ist.

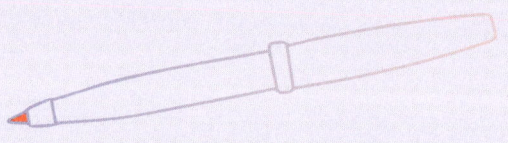

Take what's yours

14 **DU HÖRST NUR NOCH TAYLOR'S VERSION,** wenn es das Album schon gibt, richtig? Natürlich. Alle tun das. Denn für jeden Stream der alten Versionen geht Geld an die falsche Plattenfirma – weil sie die Rechte an den ersten Album-Versionen gekauft haben, obwohl Taylor das nicht wollte. Aber wie so oft hat Taylor keine Ruhe gegeben, bis sie eine Lösung gefunden hat. Sie hat sie als Taylor's Version neu aufgenommen, und die Rechte dieser Aufnahmen gehören ihr selbst. So, wie es sein soll.

Das ist so befriedigend zu hören, weil wir es alle aus unserem eigenen Leben kennen. Es gibt Menschen, die dauernd fremde Ideen als ihre eigenen ausgeben. Schlechte Chefs machen so was, und schlechte Freunde. Es ist furchtbar. Da tut es gut, wenn Taylor uns alle daran erinnert: Wir dürfen stolz auf unsere Ideen sein, wir dürfen sagen, dass es unsere Ideen waren, und sie bleiben auch immer unsere.

Bei uns geht es nicht um Millionen wie bei Taylor. Vielleicht geht es nur um ein albernes Halloween-Kostüm, und es ist vielleicht auch nicht so wichtig – aber trotzdem ist es nicht zickig, darauf hinzuweisen, was man geschaffen hat. Es ist richtig. Denn es ist deins.

Welche Songtitel inspirieren
dich jedes Mal aufs Neue?

Stand up for your rights

15 NETT SEIN HEISST NICHT SCHWACH SEIN, obwohl viel zu viele Menschen es miteinander verwechseln. Ye hat es verwechselt, als er 2009 während der Video Music Awards auf die Bühne ging und Taylor bei ihrer Dankesrede unterbrach. Das Erste, was er sagte, war »I'ma let you finish, but ...«, so als hätte er zu entscheiden, wann andere Menschen sprechen, und das auch noch während ihrer eigenen Dankesrede. Hätte er das gemacht, wenn nicht eine junge, freundliche Frau dagestanden hätte, sondern ein Mann in seinem Alter? Wahrscheinlich nicht. Die meisten Menschen kennen es, dass sie als harmlos wahrgenommen werden, weil sie freundlich waren, aber besonders wenn du eine junge Frau bist, wirst du die Situation schon oft erlebt haben, und so unfair das ist: Du wirst sie in deinem Leben wahrscheinlich noch öfter erleben. Und du kannst es dir leider nicht aussuchen: Du musst dich wehren!

Wehren heißt in diesem Fall, die Dinge als das zu benennen, was sie sind, also irgendeine Variation von »Ich werde hier offensichtlich gerade übergangen, weil ich zu freundlich war«. Die genauen Worte sind nicht entscheidend. Du musst es auch nicht freundlich sagen – unter dem Druck, jetzt gerade für sich einstehen zu müssen, kommen Worte manchmal härter raus, als es geplant war. Das ist okay. Wichtiger ist, dass deine Botschaft angekommen ist.

Taylor konnte das 2009 auf der Bühne nicht. Vor Millionen von Zuschauern und Buh-Rufen im Saal, von denen sie in der Sekunde fälschlicherweise dachte, sie würden ihr gelten und nicht Kanye West, ist sie regelrecht eingefroren.

Jeder versteht das. Nichts an der Situation war ihre Schuld, es wäre komplett unfair, ihr vorzuwerfen, sie hätte besser reagieren sollen, und wir wissen alle: Letztlich ist sie gerechterweise aus diesem dann jahrelangen Streit als die große Siegerin hervorgegangen. Aber wahrscheinlich hat sie sich danach noch lange gewünscht, sie hätte in der Sekunde etwas sagen können wie: »Danke, dass endlich mal ein Mann kommt und einer dummen Frau die Welt erklärt. Was sollten wir nur ohne dich tun, Kanye!« Es war nicht wirklich nötig, die Welt konnte auch so sehen, wie er ist. Trotzdem hätte es sich gut angefühlt.

Das ist aber nur der halbe Grund, warum du dich wehren musst, wenn deine Freundlichkeit ausgenutzt wird. Du hast die Möglichkeit, die Welt zu verändern und für andere ein Vorbild zu sein, wenn du es tust. Nicht unbedingt, weil Typen wie Ye dadurch lernen. Das kann man hoffen, aber besonders wahrscheinlich ist es nicht. Ganz sicher aber lernen all die Menschen von deinem Mut, die in deiner Situation sind.

Wenn eine Mutige oder ein Mutiger aufsteht und sagt »Moment, so geht das nicht«, dann trauen sich das plötzlich auch andere. Wir sehen das bei Taylor. Sie wehrt sich gegen sexuell übergriffige Männer, gegen die Mechanismen der Musikindustrie, gegen Online-Shaming. Dieselbe Inspiration kannst du deinem Umfeld geben, indem du die Stimme erhebst.

IN MY ERA

It needs to make sense only to you

16 **ERFOLG SIEHT IMMER EINFACH AUS** – hinterher. In dem Moment, in dem sich jemand für einen bestimmten Weg entscheiden muss, wirkt das oft anders. Taylor war die erfolgreichste Country-Musikerin der USA, je nachdem, welche Parameter man anlegen will, die erfolgreichste aller Zeiten. Dann wechselte sie ihren Stil zu Pop, nur um dann, als sie die erfolgreichste Popmusikerin der Welt war, mehr Folk-Lieder zu machen. Es gibt wahrscheinlich niemanden auf der Welt, der ihr dazu geraten hätte, denn sie war ja schließlich unfassbar erfolgreich. Warum also alles ändern? Weil sie es wollte. Es war schließlich ihre Musik.

Und wir können alle daraus lernen: Wenn du deiner Leidenschaft nachgehst, dann ist es schön, wenn andere diese verstehen und unterstützen – aber in Wahrheit zählt einzig und allein, dass du es verstehst und es deine Art ist, dich auszudrücken.

Don't pressure yourself even more

17 **TAYLOR SPRICHT OFFEN DARÜBER,** dass sie eine Essstörung hatte. Sie hat nur noch wenig gegessen und wie verrückt Sport getrieben, als sie begann, berühmt zu werden. Es brauchte keinen Beweis mehr, wie aberwitzig der Druck ist, den wir uns machen, wenn es um unser Äußeres geht. In der Theorie wissen wir das. Trotzdem ist sie ein gutes Beispiel, denn wenn Taylor Swift das Gefühl hatte, sie müsste noch irgendwie besser, schöner und vor allem dünner sein, dann ist wirklich niemand sicher – und so ist es ja auch. Wir alle spüren Druck, und Essstörungen sind nicht die einzigen Wege, die wir finden, um uns selbst noch mehr davon zu machen, als wir eh schon haben.

Wir müssen damit aufhören.

Taylor Swift ist eine schöne Frau. Wir alle sehen, dass sie es ist, und hoffentlich findet sie es auch. In den Augen ihres eigenen 18- oder 20-jährigen Ichs würde sie wahrscheinlich tausend Sachen entdecken, die ihr an ihrem Äußeren nicht gefallen, aber das zeigt nur, was für falsche Blickwinkel wir oft haben. Es sind unter anderem diese falschen Blickwinkel, die machen, dass Menschen überall auf der Welt sich hassen. Selbst die junge Taylor Swift.

Der Weg da heraus ist nicht einfach, es wäre gelogen, das zu behaupten. Falls es dir in diesem Moment so geht, denke daran, dass du gut bist, so wie du bist. Wenn du dich mit anderen Augen sehen könntest, würdest du keine Sekunde daran zweifeln. Und das ist genau das, was du tun musst.

Du musst deine eigene Freundin oder dein eigener Freund werden. Jemand, der dich mit freundlichen, liebevollen Augen sieht. So, wie Taylor dich sehen würde, wenn sie dich kennenlernen könnte. Sie würde dich sicher nicht kritisieren für irgendetwas, das du an dir nicht perfekt findest. Sie würde nicht sagen, du bist zu klein/groß/dick/dünn/doof/ nerdig. Sie würde dich unterstützen, anstatt dir noch mehr Druck zu machen. Und genau das musst du tun. Guck dich mit freundlichen Augen an. Sei nicht so hart zu dir selbst.

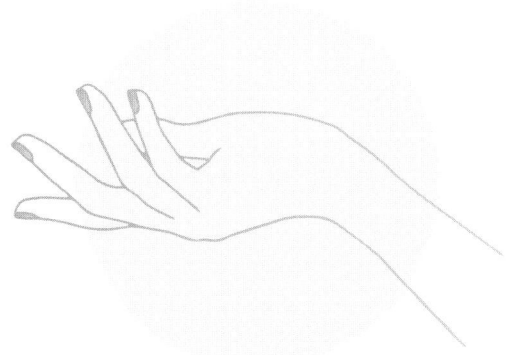

Change outfits

18 **HAT TAYLOR SWIFT** einen eigenen Stil? Ja, absolut. Oder, wenn man sich die Eras-Tour anguckt, könnte man sagen: Sie hat mindestens zehn Stile! Sie sind total unterschiedlich, und trotzdem alle hundert Prozent Taylor. Das kannst du auch.

Was sind deine zwei
liebsten Taylor-Outfits
von der Eras-Tour?

CALMDOWN

Who runs the world? Girls with girls

19 **BEI JEDER MÖGLICHEN GELEGENHEIT** weist Taylor darauf hin, dass auch heute noch die Karten zwischen den Geschlechtern ungleich verteilt sind. »Zum Beispiel werden in den Medien immer wieder Frauen gegeneinander ausgespielt«, erzählte sie in einem Interview. »Diese oder jene Sängerin – welche ist sexier? Welche ist die heißere Mama? Ich sehe so etwas jeden Tag, aber nie bei Männern.«

»Wenn wir eine Gleichberechtigung der Geschlechter wollen«, sagt Taylor, »dann müssen wir aufhören, uns in Kämpfe zwischen Frauen verwickeln zu lassen, und uns stattdessen gegenseitig anfeuern. So viele Mädchen da draußen sagen ›Ich bin keine Feministin‹, weil sie denken, das bedeutet etwas Wütendes, schlecht Gelauntes oder Nörgelndes. Dabei bedeutet es nichts Schlechtes. Es heißt nur, dass du glaubst, Männer und Frauen verdienen gleiche Rechte und Möglichkeiten.«

IN MY ERA

DAYLIGHT

Be open

20 **EIN KONZERT DER ERAS-TOUR** ist ein absolutes Erlebnis. Mehr als dreieinhalb Stunden lang, eine Reise durch alle Alben – und damit auch durch eine ganze Reihe unterschiedlicher Stile. Wie hat sie all das so schnell geschafft?

Wahrscheinlich würde sie sagen, es war gar nicht schnell: Sie macht Musik, seitdem sie klein war. Als sie 13 Jahre alt war, bekam sie ihren ersten »artist development deal« mit einer Plattenfirma, also einen Vertrag, bei dem es noch nicht um ein fertiges Album ging, sondern darum, sich als Künstlerin zu entwickeln. Im gleichen Jahr zog ihre Familie mit ihr von Pennsylvania nach Nashville in Tennessee, damit sie mit anderen Künstlern in der Country-Szene arbeiten konnte. Ihre Karriere dauert also schon länger als 20 Jahre. Aber so schön und hilfreich diese Unterstützung ist, sie ist nicht das Geheimnis von Taylors Erfolg. Denn dieses Geheimnis liegt in Taylor selbst.

Wie alle wirklich Großen in allen Bereichen des Lebens ist sie offen. Sie nimmt jede Lektion an, die sie bekommen kann. Sie arbeitet mit jeder und jedem, von dem sie etwas abgucken kann. Das klingt einfacher, als es ist, denn gleichzeitig würde es keinen einzigen Song von ihr geben, wenn sie nicht auch eine Vision hätte. Und die Balance aus beidem – zu wissen, was man will, und gleichzeitig offen zu sein für alles, was dabei helfen kann - ist der schwierige Teil.

Yesterday is gone

21 AUF DEN ERSTEN BLICK handeln Breakup-Songs von der Vergangenheit, was bedeuten würde, Taylor Swift, die Königin der Breakup-Songs, beschäftigt sich sehr viel mit dem Gestern. Auf den zweiten Blick aber sieht es ganz anders aus. Denn der einzige Weg, vorwärtszugehen, ist, Dinge zurückzulassen – und das geht nur, wenn man sie wirklich loslassen kann. Wahrscheinlich hat niemand seine vergangenen Beziehungen so gut verarbeitet wie die Künstlerin, die mehr als jede oder jeder andere über sie gesungen hat.

Gestern ist vorbei. Es klingt sehr viel einfacher, als es ist, denn wir alle haben Dinge, von denen wir uns wünschen, sie wären anders gelaufen. Wenn wir Pech haben, erleben wir sie wieder und wieder in unseren Gedanken, Träumen und Ängsten. Wir stellen uns vor, wie wir ganz anders reagieren würden und sich dadurch alles ändert. Wir tun so, als wäre gestern eben nicht vorbei, sondern wälzen es tausendfach in unseren Hirnen und Herzen. Leider schreiben wir in den wenigsten Fällen Lieder darüber, denn dann würden wir schnell bemerken, warum unser Gestern für uns noch nicht vorbei ist, warum wir es nicht gehen lassen können. Wir müssen verstehen, welcher Teil von Gestern veränderbar ist.

Wir können meist nicht ändern, was geschehen ist. Wir können uns entschuldigen, wenn wir Fehler gemacht haben – und wir sollten das tun. Eigene Fehler zu erkennen und die Verantwortung zu übernehmen, ist eine der besten Eigenschaften von Menschen. Ganz sicher können wir aber unsere eigene Einstellung dazu ändern, was Dinge bedeuten. Dabei sind drei Punkte wichtig:

Wir müssen verstehen, was passiert ist.

Wir müssen akzeptieren, dass es passiert ist.

Und wir müssen daraus lernen und die richtigen Schlüsse für die Zukunft ziehen.

Niemand wird gerne verlassen, betrogen oder verraten, auch Taylor Swift nicht. Das bezieht sich natürlich nicht nur auf Liebesbeziehungen, sondern auch auf Freundschaften. Aber einige der schönsten Lieder von Swift handeln von Verflossenen, deshalb steht es hier stellvertretend für allen Mist, den man so erlebt. Und jedes dieser Lieder steht am Ende von mindestens den ersten beiden Punkten, um mit der Vergangenheit Frieden zu schließen: Einen Breakup-Song zu schreiben bedeutet ja, man hat verstanden, was passiert ist, und akzeptiert, dass es passiert ist.

Schritt drei, die richtige Lehre daraus zu ziehen, können wir bei Taylor ziemlich gut daran ablesen, wie sie sich in ihrem weiteren Leben verhalten hat. Wer die Blicke gesehen hat, die sie Travis Kelce nach dem Super-Bowl-Sieg im Februar 2024 zugeworfen hat, weiß, dass sie offensichtlich nicht die Lehre gezogen hat, sie sollte sich nie wieder Hals über Kopf verlieben. Sie tut es weiterhin. Nicht, weil alle ihre Erfahrungen in der Vergangenheit so gut waren, sondern weil sie offenbar weiß oder spürt, dass sie nicht ihr Leben von Fehlern bestimmen lassen will. Nicht von ihren eigenen Fehlern, und schon gar nicht von

Fehlern, die andere im Umgang mit ihr gemacht haben. Es ist schließlich ihr Leben, und das wird bestimmt von der Einstellung, die sie zu den Dingen hat. Und die bestimmt sie selbst.

Du kannst nicht ändern, was gestern passiert ist, aber du darfst der Vergangenheit keine Macht geben, über deine Zukunft zu bestimmen. Gestern ist vorbei, aber Morgen ist in deiner Hand, wenn du tust, was nötig ist.

Share your luck

22 DU WEISST WAHRSCHEINLICH, dass Taylor jedem LKW-Fahrer ihrer US-Tour einen Bonus von 100.000 Dollar gezahlt hat. Insgesamt hat sie offenbar 55 Millionen Dollar an Boni für die Mitarbeitenden gezahlt. Sie musste das nicht tun, aber sie konnte es. Wie immer, wenn Taylor etwas tut, wird es Leute geben, die sagen: Ja, sie hat es einfach. Sie ist so reich, dass selbst 55 Millionen Dollar in ihrem Leben keinen Unterschied machen – und das stimmt. Aber es ändert nichts an der Tatsache.

Etwas Gutes zu tun, weil man es kann, ist das schönste Gefühl der Welt, und die Welt wäre ein besserer Ort, wenn es alle täten. Jeder das, was er kann. Du kannst eine Menge tun: Menschen ohne Hintergedanken helfen zum Beispiel, einfach deshalb, weil es gerade geht. Wenn man darüber nachdenkt, ist es eigentlich selbstverständlich, denn so sind wir. Kein Mensch kann leben ohne die Gemeinschaft, und Gemeinschaft lebt davon, dass Menschen füreinander da sind.

Und falls jemand findet, du hast es einfach, denn du bist ja stark, dann lächle freundlich und sag: Danke, ja, und es fühlt sich verdammt gut an.

Don't wear a mask (except on Halloween)

23 JEDER SWIFTIE FÜHLT eine enge und persönliche Verbindung zu Taylor, nämlich so, wie sie es beschreibt, »als würden sie in meinem Tagebuch lesen«. Auch in der letzten Reihe fühlen sich alle ihr nah. Das liegt daran, dass ihre Texte so ehrlich sind.

Es kommt nicht so häufig vor, dass wir Menschen so ehrlich erleben, wie Taylor es in ihren Texten ist. Normalerweise sind wir nur mit unseren allerbesten Freundinnen und Freunden dermaßen offen. Taylor beschönigt nichts – sie nennt sich in »Anti-Hero« selbst ein Monster, und genau deshalb fühlen wir uns ihr nah.

Dabei sind wir selbst es gewohnt, dass wir die meiste Zeit eine Maske tragen. Wir spielen der Welt etwas vor, weil wir nicht möchten, dass man sofort sieht, wie es uns wirklich geht oder wie wir wirklich sind. Der Gedanke macht uns Angst, weil er uns verletzlich macht. Dabei zeigt Taylor Swift gerade, dass Ehrlichkeit eine Superkraft ist. Ja, auch sie wird dadurch verletzlich, aber Menschen, die andere verletzen, nur weil sie es können, entlarven sich dadurch vor allem selbst. Die wirklich guten Momente, die wir erleben, diese ganz großen, nahen, wunderschönen Momente, die kommen dann, wenn wir keine Maske tragen. Wir sollten uns alle mehr von diesen Momenten gönnen.

CALMDOWN

Be cooler than cool. Be human

24 IST TAYLOR COOL? Wahrscheinlich hängt es von der eigenen Definition ab, was cool bedeutet, aber sie selber sagt, nein. »Mein Leben tendiert nicht in Richtung sexy, edgy und cool« hat sie in einem Interview gesagt, und wenn man ganz klassisch jemanden meint, der immer unbeeindruckt wirkt, dann ist sie wahrscheinlich wirklich nicht cool. Sie ist, im Gegenteil, warm, begeisterungsfähig, herzlich und öfter albern als lässig. Das ist nicht im ursprünglichen Sinne cool, aber man würde es trotzdem so nennen, weil es so authentisch ist.

Es gibt unendlich viele Videos davon, wie Fans sie treffen und dabei vor Freude durchdrehen, und es wirkt immer so, als würde Taylor sich mit ihnen freuen. Wenn das Emoji für cool der Smiley mit der Sonnenbrille ist, dann wäre das Emoji für Taylor eins, das vor Freude auf und ab hüpft und in die Hände klatscht. Und irgendwie ist das cooler als cool. Es ist echt und menschlich.

Never stop playing

25 AUF DER ERAS-TOUR erklärt Taylor, dass »Folklore« in einer Fantasie-Welt spielt. Sie stellte sich beim Schreiben der Lieder gerne vor, sie wäre eine Frau im viktorianischen Zeitalter, anstatt eine »mit Katzenhaaren bedeckte Millenial-Frau«. Mit anderen Worten: Wir wünschen uns manchmal, Taylor Swift zu sein, aber selbst sie wäre manchmal gern jemand anderes.

Das ist normal. Es ist sogar gut. Herauszufinden, wer man ist, ist eine Lebensaufgabe – und gleichzeitig ist es ein bewegliches Ziel, denn wir ändern uns ja jeden Tag, mal mehr und mal weniger. Vor allem aber reicht ein Leben nicht aus, um wirklich alles auszuprobieren, was wir sein könnten. Manche Dinge müssen wir uns vorstellen, das heißt: Wir müssen es spielen.

Oftmals ist es genug, das in Gedanken zu tun. Wenn wir ein Buch lesen, einen Film sehen oder ins Theater gehen, dann erleben wir eine Geschichte, die meist ganz anders ist als unser eigenes Leben. In der Fantasie können wir alles erleben, von den größten Heldentaten bis zu den schlimmsten Katastrophen. Wir können Drachen besiegen, mit dem Flugzeug abstürzen, uns unsterblich verlieben oder eben doch sterben. Wir können viktorianische Frauen sein, die in einem verwunschenen Märchenwald Gedichte schreiben. Und jetzt kommt das wirklich Besondere daran: Obwohl wir es nur in Gedanken erlebt haben, fühlen wir es – und es verändert uns. Du musst keinen Krieg selbst erlebt haben, um dagegen zu sein, es reichen die Erzählungen derjenigen, die es durchmachen mussten. Wir fühlen sogar mit erfundenen Figuren in Filmen, und die Gefühle sind echt. Viel von dem, was dich ausmacht – dein Gefühl für Gerechtigkeit, für den Unterschied zwischen Richtig und Falsch, dein Gespür für Solidarität und sogar dein Sinn für Humor –, ist wahrscheinlich mindestens genauso von gespielten Geschichten geprägt wie von Dingen, die du direkt erlebt hast.

It's hard work. And then again

26 **ES MUSS UNGLAUBLICH SEIN,** vor 80.000 Menschen in einem Stadion aufzutreten, die alle deine Lieder mitsingen. Was für ein Triumph! Es gibt nur wenige Menschen auf der Welt, die wirklich wissen, wie es sich anfühlt, aber es kann wenig Schöneres geben. Es muss ein Fest sein – allerdings für Taylor und ihre Crew bedeutet das auch: Arbeit, und zwar viel davon. Taylors Toningenieurin Laura Sisk dankte ihr einmal mit dem Hinweis, Taylor wäre »einzigartig in ihrer Arbeitsmoral«.

Wahrscheinlich träumt jeder Mensch davon, dass einmal dieser Moment kommt, an dem man eine Schwelle überschreitet, und von da an ist alles leicht, und wir sind glücklich und bleiben es. Aber diesen Moment gibt es nicht. Alles, was sich lohnt im Leben, jede tiefe Beziehung, jede erfüllende Tätigkeit, jede innere und äußere Reise, verlangt von uns, dass wir daran arbeiten.

Let them talk

27 **IST DIR AUFGEFALLEN,** wie selten Taylor auf das reagiert, was über sie erzählt und geschrieben wird? Es muss ihr schwerfallen. Wir denken manchmal, dass alles einfacher wird, wenn man reich ist und viele Fans hat, aber das stimmt nicht wirklich. Du weißt, dass es viele (erfolg-)reiche Stars gibt, die todunglücklich und sehr unsicher sind. Und jeder Mensch hat den Impuls, sich zu verteidigen, wenn er ungerechterweise angegriffen wird – etwas, das Taylor jeden Tag tausendfach passiert. Es ist hart. Wahrscheinlich kannst du nachvollziehen, wie es sich anfühlt, denn die meisten von uns werden im Laufe ihres Lebens auf gemeine Art kritisiert, und man will unbedingt darauf antworten und sich verteidigen. Nur hilft es meist nicht, denn Menschen, die so kritisieren – ganz besonders wenn sie es feige im Internet tun –, lassen sich nicht mit Argumenten überzeugen. Es wäre für Taylor verschwendete Energie, ihre bösen Hater umstimmen zu wollen. Haters gonna hate. Das Beste, was man machen kann, ist, sie zu ignorieren, aber wie geht das, wenn Shake it off nicht funktioniert, wenn man es also nicht einfach abschütteln kann?

Es sind zwei Dinge. Das Erste ist dein Umfeld. Jeder Mensch braucht Freunde, eine Familie, einen engen Kreis, der zu dir hält. Das sind die wichtigen Menschen. Taylor hat ihre Mutter, überhaupt ihre Familie, ihre Freunde und Freundinnen und ihren Boyfriend. Das heißt nicht, dass es nicht super hart und gemein für sie ist, wenn fiese Dinge über sie gesagt werden. Sie äußert sich trotzdem nicht dazu, weil sie weiß, dass die wichtigen Menschen zu ihr halten. Warum soll sie den Trollen ihre Energie und Aufmerksamkeit schenken, wenn sie sowieso nicht so wichtig sind?

Das ist der erste Schritt: Verschwende nicht deine Aufmerksamkeit und Energie an Menschen, die dir nichts Gutes wollen. Es ist leider so: Wenn du etwas Außergewöhnliches tust, wenn du zum Beispiel ein Lied schreibst, in einem Theaterstück mitspielst, in der Schule oder deinem Job etwas Besonderes leistest oder auch nur, wenn du etwas Auffälliges anziehst, dann wird es wahrscheinlich Hater geben, die darüber lästern. Es ist – das ist der zweite Schritt – wichtig, dass du nicht darauf hörst, was sie sagen, sondern dich immer nur fragst: Warum sagen sie das? Die Antwort ist meistens: Weil sie unsicher sind. Sie würden selbst gerne außergewöhnliche Dinge tun, aber sie trauen sich nicht. Sie sind neidisch. Sie versuchen, andere herunterzuziehen. Weil sie klein sind, wollen sie nicht, dass du groß bist. Tu dir selbst den Gefallen und hör nicht auf sie. Lass sie reden, auch wenn es schwerfällt.

Dein liebstes
lachendes
Taylor-Foto?

LOL

28 **ES WAR EINE TRAUMATISCHE** Erfahrung für Taylor, als Kanye West 2009 ihre Dankesrede bei den Video Music Awards unterbrach. Doch nicht lange danach lachte sie darüber: Während ihres gesungenen Monologs am Anfang der Sendung »Saturday Night Live« machte sie schon Witze darüber, dass der Rapper an diesem Abend nicht eingeladen war (sie wurde sogar von zwei angeblichen »Sicherheitsleuten« begleitet, falls er doch auftaucht – natürlich waren es nur Schauspieler). Denn Lachen ist nicht nur die beste Medizin, es ist auch die süßeste Rache. Die muss manchmal auch sein.

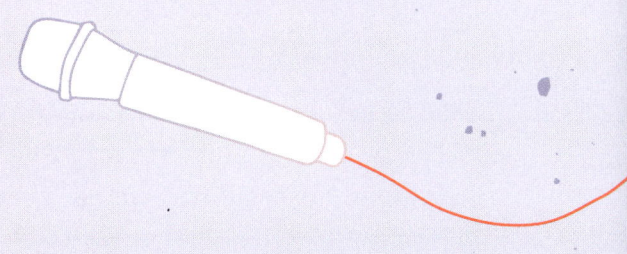

Defend your time

29 **GUTE IDEEN LASSEN** sich nicht planen. Sie kommen in ihrer eigenen Zeit, in ihrem eigenen Rhythmus. Zum Beispiel weiß niemand genau, wie eigentlich Songschreiben geht – oder überhaupt Schreiben. Wenn etwas gut wird, dann kommen immer Dinge zusammen, die man nicht genau planen kann – Taylor nennt diesen Teil ein »Mysterium«, und es ist das, was ihr am meisten daran Spaß macht. Egal, wie gut du bist: Damit etwas wirklich groß wird, braucht es eine Idee, und die kann man nicht erzwingen.

Wir wissen nicht, wie Ideen entstehen. Das heißt aber nicht, dass du nichts tun kannst, um die Idee wahrscheinlicher zu machen. Es gibt einen Weg, der auch keine Zauberei ist, aber er ist verdammt nah dran: Verteidige deine Zeit!

Du hast bestimmt schon einmal einen Text völlig verhauen, weil dir nichts Gutes eingefallen ist, einen Aufsatz oder eine Hausarbeit, vielleicht auch nur eine Grußkarte, auf die du schnell etwas Lustiges schreiben solltest. Manchmal fehlt einfach die Inspiration. Das passiert allen. Der Unterschied zu Menschen, die durchgehend gute Arbeit abliefern, wie Taylor es mit ihren Liedern tut, ist nicht das Talent. Talent ist verantwortlich für die ersten und die letzten fünf Prozent. Der Unterschied ist, dass diese Menschen sich hinsetzen und arbeiten. Sie nehmen sich Zeit. Sie schreiben und schreiben, und wenn an einem Tag alles schlecht ist, was sie geschrieben haben – und solche Tage hat jede und jeder –, dann schmeißen sie es weg und schreiben es neu, so lange, bis es besser ist. Es gibt Geschichten darüber, dass Taylor manchmal Lieder sehr schnell schreibt, »Love Story« zum Beispiel in weniger als 20 Minuten auf dem Fußboden ihres Schlafzimmers. Was man nicht hört, dass sie die Lieder wieder und wieder überarbeitet hat – oder die, die sie am Ende verworfen hat, weil sie ihr einfach nicht gefallen haben. Auch für die hat sie gesessen, stunden- und tagelang.

Dabei gilt die Regel der verteidigten Zeit nicht nur für die Arbeit oder für künstlerische Dinge. Es gilt für das Leben. Wir alle haben dauernd dringende Dinge, die wir erledigen müssen, und Menschen, die wir treffen wollen. Das ist gut und richtig. Aber genauso wichtig – noch mal: GENAU SO WICHTIG –, sind die Verabredungen, die du mit dir selbst triffst. Schreibe sie in deinen Kalender (es gibt Top-Manager, die schreiben sich Zeiten in ihren Kalender, in denen sie nicht gestört werden dürfen, einfach zum »Nachdenken«), und halte diese Verabredungen genauso ein, wie du sie einhalten würdest, wenn du sie mit anderen Leuten hättest. Du brauchst Zeit, Dinge sacken zu lassen, nachzudenken und auf andere Gedanken zu kommen. Du musst dich dafür nicht einschließen, aber lass deine Zeit auch nicht zu sehr von anderen bestimmen.

Zeit ist vielleicht das Einzige, von dem wir alle gleich viel haben wie Taylor Swift. Wir können uns vorstellen, wie viele Menschen von allen Seiten an ihr zerren, damit sie dieses und jenes und auch das noch tut. Wenn sie keine Verabredungen mit sich selber treffen würde, könnte sie keinen einzigen Song schreiben, denn die Wahrheit ist: Sie hat vielleicht »Love Story« in 20 Minuten geschrieben, aber wenn man es ganz genau untersuchen könnte, dann wären da wahrscheinlich Stunden und Stunden, in denen sie nicht genau den Song geschrieben hat, aber ihre Gedanken und gesummten Melodien schon irgendwie dieses mysteriöse Etwas geformt haben, das dazu geführt hat, dass sie plötzlich in einem Rutsch dieses wunderschöne Lied komponieren konnte. Sie hatte die Zeit, und sie hatte sie deshalb, weil sie sich die Zeit genommen hat.

Deine liebsten Zeilen
aus »Love Story«?

Be thankful

30 **EIN BISSCHEN KOMISCH** ist es schon: Bei jedem Konzert bedankt sich Taylor beim Publikum dafür, dass es gekommen ist. Als hätte die Swifties irgendetwas abhalten können! Und Taylor klingt ein bisschen, als hätte man IHR einen Gefallen damit getan, zum Konzert zu kommen.

Aber ein bisschen stimmt es natürlich. Künstler können nur dann von ihrer Arbeit leben, wenn Menschen sie sehen wollen. Für uns fühlt es sich an, als würde Taylor uns einen Gefallen tun, weil wir zu ihrem Konzert kommen dürfen, aber in Wahrheit ist es andersherum – und ihre Dankbarkeit ist ein Zeichen dafür, dass sie ein gesundes Verhältnis zu ihrem Erfolg hat.

Was sind deine
zwei liebsten Bilder von
Taylor Swift on stage?

Just try it!

31 VON ALLEN LEBENSWEISHEITEN, die du hörst, kommt wahrscheinlich keine häufiger vor als »Sei du selbst!«. Und natürlich stimmt sie. Wir alle kennen solche Menschen, die offenbar ganz bei sich sind. Ihre Kraft kommt von irgendwo tief drinnen, und sie müssen niemandem etwas beweisen. Sie sind einfach. Es sind die Menschen, mit denen wir am liebsten Zeit verbringen, weil sie so positiv sind. Sie haben es nicht nötig, schlecht über andere zu reden. Sie müssen niemanden kleinmachen, um selbst größer zu erscheinen. Im Gegenteil, sie freuen sich über das Glück von anderen und leiden mit ihnen, wenn es gerade nicht läuft.

Aber »Sei du selbst« ist leichter gesagt als getan, denn woher soll man wissen, wer man ist?

Es ist einfacher, das über andere Menschen zu sagen. Wir alle haben ein Gefühl dafür, wer Taylor Swift ist – und wir alle haben wahrscheinlich das Gefühl, sie ist im Großen und Ganzen einer von jenen Menschen, die ziemlich »bei sich« ist. Das ist eine ihrer besten Eigenschaften. So ehrliche Texte wie ihre kann man nur schreiben, wenn man sich genau so fühlt. Und das ist ziemlich genau, was es bedeutet, man selbst zu sein: ehrlich zu fühlen, was man fühlt. Das klingt einfach, ist es aber nicht, und vor allem kann man nicht von einem Tag auf den anderen einen Schalter umlegen. Die Ansage »Sei du selbst« oder »Fühl, was du fühlst« setzt einen ziemlich unter Druck. Sie gibt einem sogar das Gefühl, man wäre blöd, weil man es nicht hinkriegt, während andere Menschen offenbar so geboren werden. Aber wie geht es denn sonst?

Zum Glück ist die Antwort einfach: Du musst es ausprobieren. Wir sind Menschen, wir lernen das Wir-selbst-Sein genauso, wie wir alles lernen: indem wir es immer wieder ausprobieren. Die Taylor Swift von heute ist nicht die Taylor Swift von vor zwei, vier, sechs oder 15 Jahren. Und wir können sicher sein, sie wird sich in den nächsten Jahren immer wieder verändern. Weil sie ausprobiert – und lernt.

»Sei du selbst« ist das schönste und wichtigste Ziel im Leben. Es ist die eine Sache auf der Welt, die nur du kannst. Aber es heißt nicht, dass du heute wissen musst, wer du bist. Es heißt nur: Probiere tausend Sachen aus und pass auf, was sie mit dir machen. Wenn du etwas liebst, probier es weiter. Und wenn du heute nichts findest, was du wirklich liebst: Toll, dann kannst du noch mehr ausprobieren!

Die nächste »Era«, der nächste Versuch.

Wenn Taylor Swift nicht so viel ausprobiert hätte, dann wäre sie nicht die geworden, die sie ist.

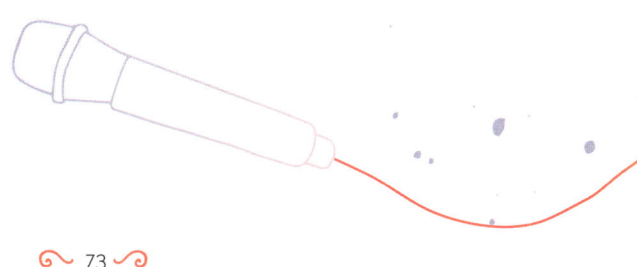

IN MY ERA

Write it down

32 **WAHRSCHEINLICH MUSS MAN** es nicht noch einmal extra erwähnen, aber sicher ist sicher: Dinge aufzuschreiben hilft wahnsinnig dabei, sie zu verarbeiten und sich besser an sie zu erinnern. Wenn du es nicht sowieso schon machst, gewöhn es dir an.

You don't have to save the whole world

33 **WISSEN DIE MENSCHEN** um dich herum, dass du ein Swiftie bist? Dann ist es dir bestimmt auch schon passiert: Irgendjemand, der Taylor nicht mag, will dich provozieren, indem er sie kritisiert – so als wärst du ihr Botschafter oder ihre Botschafterin und müsstest sie verteidigen. Leider funktioniert es meistens und wir verteidigen sie, dabei müssten wir das gar nicht.

Eins der Dinge, die am häufigsten an Taylor kritisiert wird, ist ihr Flugzeug. Sie ist eine der Einzelpersonen mit dem höchsten persönlichen CO_2-Ausstoß der Welt, weil sie so viel mit ihrem Privatjet fliegt. Das ist eine Tatsache, und man muss das nicht gut finden. Niemand ist perfekt, auch Taylor Swift nicht. Sie findet es sicher selbst nicht toll. Im Gegenteil, wenn man sie fragen würde, dann würde sie wahrscheinlich sagen, sie wäre gern die Person mit dem niedrigsten persönlichen CO_2-Ausstoß der Welt. Aber es geht nicht alles. Für niemanden. Man soll sich Mühe geben, ein guter Mensch zu sein, und nicht absichtlich anderen schaden, aber du musst auch nicht die ganze Welt retten. So wie es für Taylor mit ihrem Termin- und Tournee-Plan und der Tatsache, dass sie überall auf der Welt erkannt wird, sehr viel anstrengender wäre, wenn sie mit einem Linienflugzeug fliegen würde, so gibt es für dich wahrscheinlich auch Dinge, von denen du weißt, dass sie anders möglicherweise besser wären. Ja, für den Planeten ist es besser, wenn man vegan isst, niemals neue Klamotten kauft und mit der Bahn in den Urlaub fährt, anstatt zu fliegen. Das stimmt. Aber keiner von uns macht alles richtig, nicht einmal Taylor, und niemand hat die Verantwortung für die ganze Welt. Wir geben uns Mühe, das reicht.

Was sind deine Lieblingssongs
aus »Fearless«?

Dream big

34 »BACK THEN I SWORE I was gonna marry him some-day but I realized some bigger dreams of mine«, singt Taylor in »Fifteen«. Es ist heute fast lustig, sich vorzustellen, dass sie gerade mal 18 Jahre alt war, als sie das Lied schrieb. In den Jahren danach hat sie noch viel größere Träume verwirklicht. Und heute träumt sie hoffentlich immer noch. Denn bei einem Traum geht es gerade nicht darum, dass er wahr wird. Dein Traum ist der Kompass, der dir zeigt, in welche Richtung du deine Energie richten willst. Wenn dein größter Traum einer ist, den du leicht verwirklichen kannst, dann such dir ganz schnell einen größeren. Denn das Glück liegt nicht darin, irgendwann anzukommen und alle deine Träume zu verwirklichen, sondern auf dem Weg dahin.

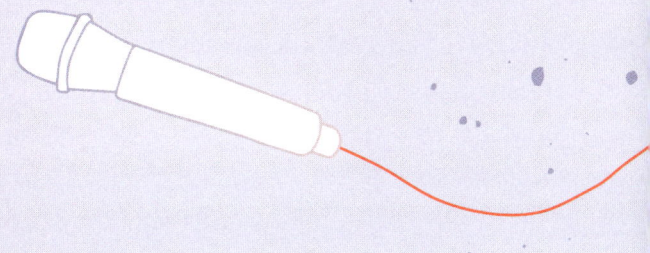

Be a fan

35 **HAST DU EINMAL** Videos von Taylor Swift im Publikum eines Konzerts gesehen oder einer Preisverleihung? Sie tanzt. Sie singt mit. Sie lacht. Sie freut sich. Kurz: Sie ist Fan.

Sie liebt Musik, das wissen wir alle, aber jeder Musiker liebt Musik – das heißt noch nicht, dass er alle anderen Musiker feiert. Bei Taylor wirkt es, als würde sie alle anderen Musiker unterstützen. Sie sieht sie nicht als Konkurrenten, sondern als Wegbegleiter. Das ist eine seltene Fähigkeit, aber sie zeigt echte Größe. Wie oft erleben wir, dass Menschen anderen von Herzen gratulieren? Dass sie anderen Komplimente machen, sie feiern für das, was ihnen gut gelingt, und sich nicht heimlich freuen, wenn etwas schiefgeht?

Taylor Swift ist der größte Star der Welt. Wenn jemand so groß ist wie sie, dann fühlt es sich an, als wäre es einfach, nicht die Konkurrenz zu sehen, sondern alle anderen zu unterstützen. Denn sie sind ja im Zweifel weniger erfolgreich als sie. Aber so ist es nicht.

Denn es gibt im Prinzip zwei Wege, die Größte zu werden. Der eine ist der Vergleich: Du musst besser sein als die anderen. Und wenn der Konkurrent strauchelt, Fehler macht und versagt, dann wird der Weg einfacher. So wird man der oder die Größte. Und ein Mensch, der sich über das Unglück der anderen freut.

Der andere Weg ist, sich auf sich selbst zu konzentrieren. Immer besser zu werden. Zu lernen, zu wachsen, sich zu entwickeln. Es ist ein Weg, bei dem man sich mit jedem und jeder mitfreut, von der oder dem man etwas lernen kann. Bei dem man nicht neidisch sein muss. Es ist wahre Größe, nicht Größe im Vergleich zu anderen. Denn jede und jeder von uns ist irgendwo die oder der Beste, wenn man den Kreis klein genug zieht.

Mach dir den Weg nicht kaputt, indem du neidisch bist auf andere. Genieß ihn. Sei ein Fan. Unterstütze andere.

Cut out the middle man

36 DER FILM ZUR ERAS-TOUR ist der erfolgreichste Konzertfilm aller Zeiten. Das ist bei Taylor fast schon zu erwarten gewesen, es gibt ja praktisch keinen Rekord, den sie nicht bricht. Das Erstaunlichste dabei ist aber, dass sie es ohne einen großen Filmverleih geschafft hat – sie hat stattdessen mithilfe ihres Vaters einen Vertrag mit Kinobetreibern geschlossen – oder, wie ihr geschäftlich sehr gewiefter Vater es genannt hat, sie habe den Mittelsmann ausgeschaltet.

Wir machen nicht alle Geschäfte, aber trotzdem steckt darin eine Lektion, nämlich: Reden in deinem Leben Leute mit, die es gar nicht braucht? Es gibt immer tausend Leute, die dauernd Ratschläge geben, als wären sie ein wandelndes YouTube-Tutorial. Braucht es die? Das Beispiel von Taylor zeigt: Einer, auf den du dich verlassen kannst – wie hier ihr Vater –, ist mehr wert als tausend andere.

Vor allem aber: Vertrau auf dich selbst.

Be proud

37 **WIR SIND ALLE** zur Bescheidenheit erzogen worden. Niemand mag Angeber. Es gibt sogar wenig, das unsympathischer ist als ein Fake. Das macht es uns manchmal schwer, stolz auf etwas zu sein. Wir wollen nicht dastehen als Mensch, der sich größer macht, als er ist – von denen haben wir alle zu viele gesehen.

Aber Stolz ist wichtig. Und die Unterscheidung ist eigentlich nicht so kompliziert: Findest du, du hast etwas gut gemacht? Das ist Stolz. Willst du, das andere denken, du hättest etwas gut gemacht? Das ist Ego. Der Wunsch nach Anerkennung ist ganz normal – aber er kann sehr ungesund sein, denn wenn er zu stark wird, kann man nie genug davon bekommen.

Nimm Taylor Swift. Sie ist, soweit man so etwas sagen kann, eine der beliebtesten Menschen der USA. Sie ist bescheiden, aber sie ist auch stolz: Zum Beispiel bittet sie ihre Zuschauerinnen und Zuschauer, bei Radiosendern anzurufen, um sich ihr Lied zu wünschen. Das macht man nur, wenn man stolz ist auf das, was man geschaffen hat, aber sie ist bescheiden dabei. Denn sie weiß, die Menschen werden nur dann anrufen, wenn ihnen die Songs gefallen.

Es wird vielleicht Momente in deinem Leben geben, in denen du die oder der Einzige bist, der gut findet, was du tust. Aber das ist genug, wenn du ehrlich stolz auf dich und deine Leistung bist. Denn Anerkennung von anderen wirkt ein bisschen wie eine Droge, man braucht immer mehr davon. Ehrlicher Stolz auf etwas hingegen wird zu Selbstbewusstsein, er macht stärker.

The only way is forward

38 **»MANCHMAL HABEN WIR** nicht einfach nur einen schlechten Tag oder einen schlechten Monat, manchmal haben wir ein schlechtes Jahr. Manchmal fühlen wir uns, als hätten wir keine Kontrolle über die endlosen Wellen von Pech, die wir zu erleben scheinen. Aber die eine Sache, über die du Kontrolle hast, ist dein Blick nach vorne. Deine Einstellung kontrollierst nur du, und so schwer es auch ist, einen Schritt zurückzutreten und das blinde Vertrauen zu haben, dass sich die Dinge ändern und verbessern werden – es ist unsere einzige Option.« – Taylor Swift in ihrer Commencement-Speach an der New York University 2022

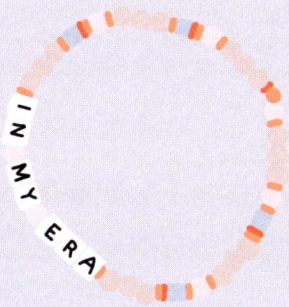

Yes, you really can say that nicely

39 **WIR HABEN SCHON** darüber gesprochen, wie wichtig es ist, dass du dich wehrst, wenn Dinge ungerecht sind (siehe Rule 15: »Stand up for your rights«). Dabei fällt es nicht immer leicht, freundlich zu bleiben, das ist klar, und vor allem ist es menschlich – kein Grund, sich ewig Vorwürfe zu machen. Aber es hat oft riesige Vorteile, wenn man es schafft, cool und freundlich zu bleiben. Denn Freundlichkeit kann sogar eine Waffe sein.

Zuallererst mal bringt sie Sicherheit. Wer es schafft, einen kühlen Kopf zu bewahren, wird nicht so schnell ungerecht. Denn das passiert ja oft: Man kann recht haben in einem Streit, aber wenn man sich dabei komplett im Ton vergreift, dann nützt es gar nichts. Am Ende hat man dann vielleicht sogar schlimmere Dinge gesagt als die, um die es eigentlich ging.

Taylor hat eine ganze Reihe von Hatern, und sie hat eine ganze Reihe von Menschen, die sie enttäuscht haben, von Scooter Braun bei

Big Machine Records über Ye und seine Ex-Frau Kim Kardashian bis zu den unzähligen Moderatoren rechter Radio- und TV-Sender in den USA, die ihr grundsätzlich alles vorwerfen, wie sie handelt – selbst dass sie ins Stadion geht und ihrem Freund zusieht, wenn er Football spielt (angeblich lenkt es von dem Spiel ab, wenn sie im Fernsehen zu sehen ist. Was für ein Bullshit!). Viele ignorieren sie (yeah!), aber manchmal wehrt sie sich (yeah, yeah!). Aber nie lässt sie sich dazu hinreißen, dabei unfreundlich oder sogar beleidigend zu werden. Das muss ihr schwerfallen, aber sie ist klug: Wenn sie harte Worte benutzen würde, dann würden alle nur darüber sprechen, anstatt ihr zuzuhören. Freundlich sein ist Key.

Aber noch viel wichtiger ist: Nichts macht Bullys wahnsinniger, als wenn sie auf jemanden treffen, der Klasse hat und sich nicht provozieren lässt. Wie gesagt, es ist schwierig. Man kann nicht immer über allem stehen, wenn man angegriffen wird. Aber es fühlt sich ungeheuer gut an, wenn man es schafft.

If in doubt – glitter!

40 **BEI DER ERAS-TOUR** funkeln selbst selbst die Mikrofonständer. Nicht in jeder Era, aber das Prinzip ist klar: Im Zweifel lieber eine großzügige Portion Glitzer auftragen!

Klebe ein Foto
deines liebsten
Glitzer-Outfits
von der
Eras Tour ein.

The real art is life

41 **IST JEDES VON TAYLORS ALBEN** besser als das davor? Man könnte meinen, sie lernt immer mehr dazu, es muss doch eigentlich jedes Mal einfacher gehen. Aber so ist es nicht. Wir haben wahrscheinlich alle unterschiedliche Lieblings-Alben und -Lieder, und es hat sicher wenig damit zu tun, wann in ihrer Karriere sie sie geschrieben hat. Denn natürlich wird mit längerer Übung ihr Handwerk besser. Songtexte zu schreiben wird leichter, wenn man es, wie Taylor, tausende Male gemacht hat – zumindest könnte man das denken. Doch die Realität sieht anders aus.

Denn alle Kunst hat einen Funken, aus dem heraus sie wächst. Der Funken sieht nicht immer gleich aus: Es kann eine Idee sein, ein Gefühl. Taylor hat erzählt, dass sie manchmal eine Zeile oder ein paar Töne im Kopf hat, die sie auf dem Klavier spielt, und die sie den ganzen Tag mit sich herumträgt, bis sie weiß, was sie damit anfangen will. Es ist der geheimnisvolle, mystische Teil des Songschreibens – so beschreibt ihn Taylor –, bei dem Dinge zusammenfinden, ohne dass man genau weiß, wie eigentlich. Aber was wir sagen können, ist: Es gibt ihn nur jetzt. Nächstes Jahr, nächste Woche, vielleicht schon morgen würde Taylor etwas ganz anderes aus jenem Satz machen, aus jenen Tönen auf dem Piano, aus jener Idee – weil sie sich verändert hätte, so wie wir alle uns jeden Tag verändern. Keine Musikerin würde mit 25 den gleichen Song schreiben wie mit 15, weil dazwischen zehn Jahre Leben liegen. Und Musik ist nur eine der Arten, wie das Leben sich ausdrückt.

Vielleicht machst du auch Musik. Vielleicht malst du, schreibst oder machst die schönsten Freundschaftsbänder der Welt. Das ist alles gut. Was du heute machst, muss jetzt und heute für dich richtig und wichtig sein. In zehn Jahren wirst du wahrscheinlich alles anders machen, aber das heißt nicht, dass es besser oder schlechter ist. Es ist dann richtig und wichtig. Du brauchst keinen Grund, um anzufangen, und es gibt keinen Grund, warum du jemals aufhören solltest, denn die eigentliche Kunst ist das Leben.

Welche Songzeilen berühren
dich immer wieder aufs Neue?

IN MY ERA

Everything
can inspire

42 WIR LIEBEN DIE LIEDER von Taylor Swift, weil sie Gefühle in Worte gießen kann wie kaum jemand sonst. Die meisten handeln irgendwie von Liebe, und man könnte befürchten, bei so vielen Songs über dasselbe Thema würde es irgendwann ein bisschen langweilig, aber das wird es nicht. Wie macht sie das? Wenn man ein bisschen genauer hinsieht, dann finden sich in den Texten zwar Motive, die sich wiederholen, aber Taylor findet immer wieder Inspiration für Metaphern in den einfachsten Dingen. Die Aufzählung ist bei Weitem nicht vollständig, aber zum Beispiel singt sie über Augen, Hände, Gesichter, Sterne, Eis, Feuer, Farben, Briefe, Tanzen, Träume, Betten, Alkohol, Städte, Schule, Sommer, Türen, Verletzungen, Autofahrten und, und, und. Sie zitiert ihre Lieblings-Serie »Friends«. Sie benutzt die einfachsten Bilder, um die schönsten (und traurigsten) Geschichten zu erzählen, denn wenn man mit offenen Augen durch die Welt läuft, lauert Inspiration überall.

Cultivate your friendships

43 **DU KENNST DIE MITGLIEDER** in Taylors »Squad«, jener Gruppe von Freunden, die sie umgeben. Es müssen nicht immer dieselben sein, jeder Mensch hat im Leben Freundinnen und Freunde, die für immer bleiben, und solche, bei denen sich die Wege wieder trennen. Du brauchst Taylor Swift nicht, um zu wissen, dass echte, tiefe und lange Freundschaften wertvoll sind und dass solche Beziehungen gepflegt werden müssen. Im Squad zu sein bedeutet nicht, dass man für immer befreundet sein muss, aber es zeigt etwas anderes Wichtiges, das einfacher klingt, als es ist: Jeder Mensch braucht gute, freundschaftliche Beziehungen zu Menschen, die in einer ähnlichen Situation sind wie man selbst.

Taylors Squad besteht in der Regel aus prominenten Frauen. Die Schauspielerin Blake Lively zum Beispiel, oder die Rapperin Ice Spice. Auch wenn gerade wahrscheinlich niemand auf der Welt so berühmt ist wie Tay Tay, hilft es ihr, wenn sie mit Freundinnen unterwegs ist, die ihre Lebensweise nachvollziehen können. Denn wer nicht berühmt ist, kann nicht wirklich verstehen, was Prominenz bedeutet, das Überall-beobachtet-Werden, das Getuschel, egal, wo man hinkommt. Die Freundinnen in ihrem Squad haben zumindest eine Vorstellung davon.

Und obwohl wir selbst das Berühmtsein nicht kennen, verstehen wir doch, was es heißt, wenn niemand um dich herum in derselben Situation ist wie du. Wenn man in der Schule mit niemandem befreundet ist, dann wird es einsam. Wenn man in einem Freundeskreis ist, in dem alle viel mehr Geld haben als man selbst – oder viel weniger. Wenn alle in Beziehungen sind, nur man selbst ist Single. Oder weil man sich noch nicht sicher ist, ob man eher Männer oder Frauen liebt, oder beides, und nicht weiß, mit wem man darüber offen sprechen kann.

Klar ist: Das Leben ist für alle manchmal schwierig, und es ist wichtig, dass wir mit Menschen sprechen, die uns nahe sind. Aber wir brauchen auch solche, denen wir nichts erklären müssen, weil sie das Gleiche durchmachen. Vielleicht, weil sie denselben lächerlichen Chef haben, dieselbe blöde Lehrerin oder gleichzeitig Liebes-Trouble haben. Deine Familie und deine tiefen, wahren Freundschaften sind das Wichtigste im Leben, aber du brauchst auch einen Squad, um durch den täglichen Kram zu kommen.

Cringe!

44 **ES GIBT IM LEBEN** keine Möglichkeit, cringe zu vermeiden, hat Taylor den Studierenden der New York University in ihrer Abschlussrede gesagt. Es werden viele peinliche Dinge in deinem Leben passieren. Es gibt keinen Weg, das zu vermeiden. Sie werden passieren. Du musst damit leben. Das Einzige, was vielleicht hilft: Allen anderen auch.

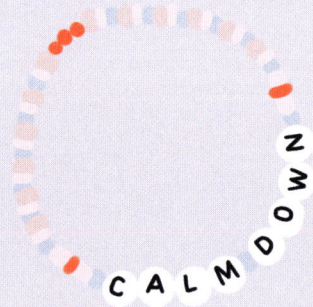

Deine Lieblingssongs
aus der Red-Era?

Karma is real

45 **DU KENNST DAS LIED »KARMA«** von Taylors Album »Midnights«. »Karma is real« hat Taylor dazu in einem Interview gesagt. Ursprünglich stammt das Wort Karma aus Indien, und es beschreibt ein Konzept, nach dem gute Taten durch ein schöneres nächstes Leben belohnt werden. Schlechte Taten werden bestraft und böse Menschen können sogar als Tiere wiedergeboren werden. Ganz so meint Taylor es nicht, es geht bei ihr nicht um Wiedergeburt, sondern darum, dass du gute Energy zurückbekommst, wenn du gute Energie in die Welt hinausschickst. Das Lied handelt einerseits von Menschen, die stehlen und denen es nur ums Geld geht – die meisten Fans gehen davon aus, sie meint damit Kanye West und den Plattenproduzenten Scooter Brown –, und wie es ihr im Gegensatz zu denen viel besser geht, weil sie nicht so ist. »Karma's a relaxing thought / Aren't you envious that for you it's not?«, singt sie.

Wir kennen das alle: Manchmal wirkt es so, als würden Menschen, die Böses tun, mit allem durchkommen. Es gibt sogar ein Sprichwort, das genau dieses Gefühl beschreibt: »Der Ehrliche ist der Dumme.« Taylor glaubt nicht, dass es stimmt. Sie sagt, dass »Midnights« von den Gefühlen handelt, die man hat, wenn man nachts wach liegt: Von den Zweifeln und dem Selbsthass, aber im Fall von Karma eben auch von dem Glücksgefühl, wenn gute Dinge passieren, und davon, wie gut es sich anfühlt, das verdient zu haben. Also davon, dass dein Karma in Ordnung ist, weil du anderen nichts Böses tust, und wie befreiend es ist, kein schlechtes Gewissen haben zu müssen.

Es geht bei Karma nicht unbedingt darum, wie man wiedergeboren wird. Wir wissen nicht, ob das passiert. Aber es fühlt sich einfach besser an, dieses Leben jetzt gut zu leben. Der Ehrliche ist nämlich nicht der Dumme, er ist vor allem der Ehrliche.

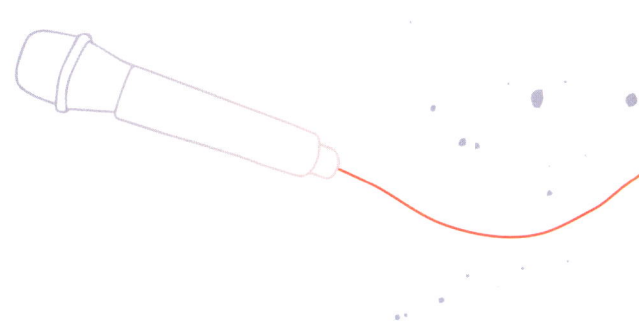

Be yourself

46 **ES GEHÖRT ZU DEN MERKWÜRDIGKEITEN** des Lebens, dass die einfachsten Dinge die schwierigsten sind und umgekehrt – und sie sind letztlich nicht zu erklären. Warum verliebt sich ein Mädchen in Pennsylvania so sehr in die Musik von LeAnn Rimes, Faith Hill und Shania Twain, dass ihre ganze Familie nach Tennessee zieht? Ist das Zufall, Schicksal oder irgendein Einfluss, den wir nicht sehen können? Und warum wird dieses Mädchen keine Kopie ihrer Vorbilder, sondern hebt die Musik auf ein neues – oder besser: viele neue – Level? Wir können es nicht erklären, nur beschreiben, und zwar so: Es ist eben Taylor Swift. Und was für sie gilt, gilt für uns alle. Nur du bist du.

Das klingt einfach, und manchmal ist es das, aber oft eben auch nicht. Wir müssen alle jeden Tag Hunderte Entscheidungen treffen, und es ist an manchen Tagen (okay, an vielen Tagen) nicht mal einfach, sich für ein Outfit zu entscheiden. Es kann auch gar nicht einfach sein, denn unser Outfit sagt ja auch etwas darüber aus, wer wir sind, und wie soll man das bitte morgens so schnell entscheiden?

Warum ist das so kompliziert?

Die Antwort ist: Weil wir es uns kompliziert machen, wenn wir so tun, als gäbe es eine einzige Antwort. Aber die gibt es nicht. Taylor wechselt während der Eras-Tour zehnmal ihr Kostüm, für jede Era trägt sie ein neues, weil sie bei jedem Album eine andere Taylor war. Und morgen wird sie wieder eine neue sein. So wie du. Was du heute denkst und fühlst, kann morgen ganz anders sein. Es heißt, dass nur du du bist. Und das muss so sein.

Be constructive

47 **BESTIMMT GIBT ES ETWAS**, in dem du richtig gut bist. Vielleicht spielst du Klavier oder du bist sehr schlagfertig oder weißt sehr viel über den Weltraum, oder du läufst einen Halbmarathon unter zwei Stunden. Einige Menschen sind angeblich sogar gut in Mathe. Und wenn man gut ist in etwas, dann möchte man noch besser werden. Sportler gehen zum Training. Musiker üben. Menschen machen Fortbildungen in ihren Berufen und lernen ihr ganzes Leben lang. Manche gehen sogar als Rentner noch mal zur Uni! Das alles soll dir zeigen: Niemand hat je ausgelernt – und man lernt nur, wenn man hört, wie man es besser machen kann. Richtige, gute Kritik ist unglaublich wichtig. Was auch immer du tun willst in deinem Leben, um richtig gut zu werden, musst du differenzierte Kritik annehmen können – und am besten auch selber gute Kritik geben können.

Wahrscheinlich ist Taylor einer der meistkritisierten Menschen der Welt, das gehört als Star einfach dazu. Leider ist die Kritik oft ungerechtfertigt. Deshalb gibt es von ihr viele Zitate, in denen sie Dinge sagt wie: Lass dich nicht von Kritik beeinflussen.

Aber wenn man die Zitate im Zusammenhang hört oder liest, dann merkt man gleich, dass sie damit nur bestimmte Kritik meint. Nämlich wie vor allem Frauen für ihr Aussehen und ihre Kleidung fertiggemacht werden oder dafür, mit welchen und wie vielen Männern sie ausgehen –

alles Dinge, die nichts mit ihr als Musikerin zu tun haben. Sie hat recht, wenn sie das nicht interessiert. Es ist unfaire, unsachliche Kritik. Aber es geht auch anders.

Im Netz gibt es ziemlich viele Videos von Taylor, wie sie Lieder schreibt. Ein gutes Beispiel auf YouTube ist »Taylor Swift: The Making Of A Song – This Is Why We Can't Have Nice Things«, das sie zusammen mit Jack Antonoff komponiert. Wenn du es ansiehst, wirst du merken: Taylor sagt nie »das ist nicht gut« oder »das muss anders klingen«. Sie sagt nicht einmal »nein«. Wenn sie etwas anders haben möchte, sagt sie Dinge wie »noch besser wäre es, wenn ...« oder »noch ein bisschen mehr so«. Es ist ein Musterbeispiel für konstruktive Kritik. Und wir sehen, wohin es sie gebracht hat.

Hör also nur auf Kritik, die dich ehrlich besser machen soll – und kritisiere dann, wenn du eine Idee hast, wie es besser sein könnte.

CALM DOWN

Friendship is everywhere

48 KENNST DU DIE VIDEOS von U-Bahnen voller Swifties, die auf der Rückfahrt vom Konzert alle gemeinsam singen? Wenn du manchmal das Gefühl hast, die Welt wäre verrückt geworden und alle Menschen wären nur noch fies zueinander, dann guck so ein Video. Du hast Freunde auf der ganzen Welt, die mit dir singen würden. Fühlt sich das nicht gut an?

Expect trouble

49 EGAL, WAS DU MACHST, es wird irgendjemandem nicht gefallen. Das ist hart, aber es ist die Wahrheit. Wenn du eine Meinung hast, wird immer jemand anderer Meinung sein. Egal ob es sich um ein Outfit handelt oder um etwas, das du dir erarbeitet hast: Es wird irgendjemanden geben, der es scheiße findet. Aus tausend Gründen oder auch völlig ohne Grund.

»Haters gonna hate«, und das stimmt, aber es müssen nicht einmal Hater sein: Menschen urteilen, auch über Dinge, die sie eigentlich überhaupt nichts angehen. Sie urteilen auch, wenn sie von einer Sache überhaupt nichts wissen. Wenn du dein Leben nicht damit verbringen willst, möglichst unsichtbar zu sein, dann musst du wissen: Es wird Ärger geben.

Das ist nicht fair. Natürlich nicht. Guck dir an, wie viele Anfeindungen Taylor in ihrer Karriere erlebt hat – verdient hat sie keine davon. Es ist eine schlichte Rechnung: Je mehr du erreichst im Leben, je mehr du erschaffst, umso mehr wirst du kritisiert werden. Das hat nichts mit dem zu tun, was du machst. Auch wenn es sich furchtbar anfühlen wird, wenn Leute schlechte Dinge über dich sagen, musst du lernen, damit umzugehen. Und das kannst du! Denn in der Regel wirst du unfair kritisiert werden von Menschen, die weniger tun als du.

Wenn du viel Zeit, Arbeit oder Energie in eine Sache gesteckt hast, oder alles drei, dann bedeutet es dir etwas. Du hast dir Mühe gegeben. Vielleicht hast du wirklich ein Lied komponiert wie Taylor oder du hast ein Video gedreht, eine Party organisiert oder einen Bericht geschrieben. Jetzt kannst du sicher sein: Wenn du es genug Leuten zeigst, wird irgendjemand etwas zu meckern haben. Und das ist erst mal okay, denn jeder kann seine Meinung haben und Kritik ist wichtig (wie du richtig kritisierst, findest du unter »Be constructive«, Rule 47). Wenn du schlau bist, hast du sogar um Kritik gebeten, denn jeder von uns kann sich verbessern. Darum geht es jetzt aber gar nicht, es geht um die Kommentare von Leuten, die du nicht um ihre Meinung gebeten hast. Sie werden trotzdem eine haben, und diese dir oft nicht mal direkt ins Gesicht sagen. Du musst dir nur einmal die Kommentare auf TikTok, Instagram & Co ansehen, um zu erfahren, wer alles zu Taylor, ihrer Musik, ihrem Aussehen oder ihren Boyfriends eine Meinung hat. Manche Menschen müssen irgendwas schlecht finden, um sich besser zu fühlen. Sie wissen alles besser – aber es sind nie diejenigen, die es wirklich besser machen könnten. Und das haben du und Taylor gemeinsam.

Es tut weh. Leider. Es wäre gelogen zu sagen, man kann das einfach so wegstecken. Es ist nicht einfach, aber es ist möglich. Denn sich mit bösartiger Kritik von Menschen abzugeben, die es nicht besser können und nur Gift versprühen, um sich selbst besser zu fühlen, ist verschwendete Lebenszeit.

Was kann man also stattdessen tun? Taylor hat sich in der Zeit, in der sie »Reputation« geschrieben hat, zurückgezogen und versteckt. Das können wir nicht, wir sind keine Millionäre, die einfach für ein Jahr nach England verschwinden können (und falls du es doch bist – herzlichen Glückwunsch! –, wäre es wahrscheinlich trotzdem nicht der richtige Weg). Das ist aber nur der offensichtlichste Teil der Antwort, denn Taylor hat mehr getan als das: Sie hat sich auf sich konzentriert und auf das, was sie kann. Sie hat Lieder geschrieben. Und sie hat sich mit Menschen umgeben, die sie lieben und denen sie vertrauen kann – neben ihrer Familie zum Beispiel ihr damaliger Freund Joe Alwyn und Jack Antonoff, mit dem sie viele Lieder zusammen geschrieben hat. Das kannst du auch: Konzentriere dich auf das, was du machen willst – und nicht auf das, was andere davon halten. Wie Taylor. Und sie hat noch etwas gemacht, das ein bisschen untergegangen ist im Von-der-Bildfläche-verschwinden: Sie hat keinem geantwortet, der sie als berechnende Schlange (und Schlimmeres) beschimpft hat.

Es kann sein, dass das für dich der schwierigste Teil ist, aber wenn du kannst, mach es wie Taylor. Menschen, die andere boshaft kritisieren – online würde man sagen: Trolle –, leben von der Energie der anderen. Weil sie selbst nichts auf die Reihe kriegen, machen sie andere runter und fühlen sich stärker, wenn sie jemandem wehtun können. Du kannst sie dir vorstellen wie Brandstifter. Sie legen Feuer an Häusern, die andere gebaut haben. Jede Antwort, die du ihnen gibst, ist weiteres Brennholz für sie. Wenn du sie ignorierst, geht ihnen irgendwann der Brennstoff aus. Aber es ist superhart, Trolle zu ignorieren. Ärger dich nicht über dich selbst, wenn du es nicht immer schaffst, aber versuch es unbedingt.

Vielleicht hilft dir, wenn du dir ganz genau überlegst, wer auf deiner Seite ist: Jede und jeder, die oder der schon mal etwas geschaffen hat. Jede und jeder, die oder der hart an etwas gearbeitet hat und dafür beleidigt wurde. Taylor ist auf deiner Seite. Jede Künstlerin und jeder Künstler. Alle, die schon einmal hart an etwas gearbeitet haben, weil sie daran geglaubt haben. Jede und jeder, die schon einmal ihr ganzes Herz in etwas gesteckt haben. Versuche, so jemanden zu finden.

Du wirst feststellen, sie kritisieren anders. Denn wer erlebt hat, was es heißt, etwas zu erschaffen, der muss sich nicht größer machen, indem er andere kleinmacht.

Right here, right now

50 **JEDER MENSCH BEREUT DINGE,** die er oder sie getan hat. Jeder von uns wünscht sich, dass bestimmte Dinge anders wären, als sie sind. Es kann trotzdem gleichzeitig alles in Ordnung sein. Und natürlich sagt es niemand besser als Taylor in »I Wish You Would«: And I wish you were right here, right now / It's all good / I wish you would

Don't try
to read minds

51 »PLAYERS GONNA PLAY« – die Zeile ist natürlich aus »Shake It Off«, einem der Lieder von Taylor, die wirklich jeder Mensch kennt. Es ist bei Taylor nicht ganz einfach zu sagen, welches ihr erfolgreichstes Lied ist, weil sie so viele als »Taylor's Version« ein zweites Mal aufgenommen hat. Außerdem hat sich im Verlauf ihrer Karriere die Musikindustrie geändert (als das Lied 2014 in der ersten Version erschien, haben noch mehr Menschen CDs gekauft als heute) – aber soweit man es sagen kann, ist »Shake It Off« ihr erfolgreichster Song. »Players gonna play« erzählt von Menschen, die mit Beziehungen spielen – sie sind immer wieder mit neuen Leuten zusammen, ohne es je wirklich ernst mit ihnen zu meinen.

Das Lied handelt darüber hinaus davon, dass man im Leben auch betrogen und angefeindet wird, und natürlich davon, dass man das alles abschütteln und weitertanzen soll – Shake It Off. Es überrascht, dass ein so fröhliches Lied ein eigentlich hartes, ätzendes Gefühl thematisiert, und gleichzeitig hilft das Lied darüber hinweg. Kein Wunder, dass es so erfolgreich ist.

Es klingt wahnsinnig einfach, wenn man sagt »Players gonna play«

und »Haters gonna hate«, wie Taylor es im Refrain tut. Es ist auch einfach. Ein Richter hat einmal gesagt, es wäre banal. Damals hatten zwei Musiker Taylor verklagt, weil sie diese Sätze schon lange vor ihr in einem Song benutzt haben und Taylor sie angeblich von ihnen geklaut habe. Der Richter hat damals festgestellt, dass die Aussagen zu banal sind, als dass man sie rechtlich schützen könnte. Denn natürlich spielen Player, und Hater haten, das ist ja die Definition, jeder weiß das. Es ist wie »die Sonne scheint«. Total banal. Aber es steckt auch so viel Wahrheit drin.

Denn jeder trifft in seinem Leben auf verletzende Menschen. Man kann sich Stunden, Tage oder sogar ganze Jahre damit quälen zu verstehen, warum sie so etwas tun. Warum ist er so? Warum sagt sie das? Es kann das eigene Leben zu einer ziemlichen Hölle machen, wenn man sich den Kopf darüber zerbricht, was jemand anderes fühlt und denkt. Dabei ist die Wahrheit manchmal ziemlich banal: Er oder sie ist so. Menschen sind, was sie sind. Players gonna play, haters gonna hate.

Seine Familie kann man sich nicht aussuchen, und das ist schwierig genug, aber sonst kann man selbst bestimmen, wen man nah an sich heranlässt und wen nicht. Das kann hart sein, weil man gerne mit jemandem befreundet wäre, oder weil man in jemanden verliebt ist, der dich nicht zurückliebt. Aber wenn dir jemand wehtut, dann zerbrich dir nicht ewig den Kopf, warum. Wir können alle nicht in die Köpfe der anderen gucken. Manchmal passt es einfach nicht. Shake it off.

Turn it into poetry

52 **SONGTEXTE SIND LYRIK.** Es sind Gedichte. Nicht einmal Deutsch-Lehrer können etwas anderes behaupten, seitdem der Sänger und Songwriter Bob Dylan im Jahr 2016 für seine Songtexte den Literatur-Nobelpreis gewonnen hat. Und man müsste nicht einmal Taylor Swifts Musik mögen, um ihre Texte gut zu finden. Sie erzählen viel über die Welt, in der wir alle leben. Und die Worte berühren uns tief. Das ist Poesie.

Es ist die merkwürdigste Kunst der Welt. Alles, was du dafür brauchst, kannst du bereits. Sonst könntest du das hier nicht lesen, und selbst wenn du nicht lesen oder schreiben könntest, könntest du sprechen. Du musst nicht malen können, kein Instrument spielen, tanzen oder schauspielern. Und anders als für einen Roman brauchst du nicht einmal Zeit, ein Gedicht kannst du auch in einer Stunde schreiben. Taylor hat manche ihrer Texte in noch kürzerer Zeit zu Papier gebracht, und sie berühren die unterschiedlichsten Menschen auf der ganzen Welt.

Have fun working

53 GUCK DIR auf YouTube Videos an, wie Taylor Songs schreibt (bspw. das schon erwähnte Video: »Taylor Swift: The Making Of A Song – This Is Why We Can't Have Nice Things) – sie hat unglaublichen Spaß dabei. Es gibt so eine komische Idee davon, dass Arbeit nur dann richtig Arbeit ist, wenn sie anstrengend ist. Aber es ist genau andersherum: Richtig gut wird deine Arbeit nur, wenn sie dir Spaß macht.

Anti-Hero

54 **TAYLOR HAT DAS SCRIPT** für das Video zu »Anti-Hero« selbst geschrieben, und außerdem Regie geführt. Sie zeigt sich als übergroßes Monster, das nie zum Rest der versammelten Familie passt. Es ist ein mächtiges Bild für die innere Unsicherheit, die sie in dem Lied besingt. Der Hook ist eine der größten Zeilen der Popmusik aller Zeiten: »Hi, it's me, I'm the problem, it's me.«

Es ist eine dieser Zeilen, die jeder Mensch versteht, denn wir sind in der Regel alle unser größtes Problem. In unserem eigenen Leben sind wir sehr oft die Anti-Heldinnen und -Helden. Damit umzugehen, sich selbst zu akzeptieren, ist eine Lebensaufgabe – du siehst ja, dass es für eine Ü30-Milliardärin mit Hunderten Millionen Fans auch nicht einfach ist.

Aber es gibt zwei Dinge, die du wissen musst. Sie ändern nichts an dem oben, aber sie fügen etwas hinzu. Das Erste ist: Nur weil du in deinem eigenen Leben gerade Anti-Hero bist, heißt das nicht, dass du nicht in dem Leben von jemand anderem eine Heldin oder ein Held sein kannst. Das geht gleichzeitig. Und zweitens, noch wichtiger, auch Anti-Heros verdienen Liebe.

Was ist dein Lieblingszitat
aus Anti-Hero?

Feel yourself

55 KANN MAN SAGEN, dass alle Lieder von Taylor von Gefühlen handeln? Wir sind uns nicht absolut sicher, aber wahrscheinlich könnte man gute Argumente finden, dass es so ist. Und Taylor sagt, dass sie ihre Lieder immer dann schreibt, wenn sie sich in genau dieser Emotion befindet. Man könnte es auch anders machen und viel später versuchen, sich an die Emotionen zu erinnern, und dann darüber schreiben. Aber Taylor schreibt sofort. Daran kann man sehen, wie sehr ihre Gefühlslagen schwanken. »Karma« steht auf demselben Album, »Midnights«, neben dem melancholischen »Midnight Rain«. Gefühle ändern sich, manchmal im Sekundentakt. Das ist ganz normal. Es hilft aber, wenn man sich das ein bisschen bewusst macht.

Denn Gefühle können einen so sehr mitreißen, dass man nichts mehr mitbekommt. Wenn man richtig wütend ist - oder traurig oder glücklich –, dann gibt es in dem Moment nichts anderes auf der Welt. Beim Glück ist das noch wunderbar (und ehrlich gesagt: Es vergeht in der Regel von selbst), aber rasende Wut oder unendliche Trauer können uns und anderen schaden, weil wir dabei Dinge tun oder sagen könnten, die schlimme Folgen haben. Es ist nicht verwerflich, wütend oder traurig zu sein – es ist meistens eine gesunde, richtige Reaktion auf eine bestimmte Situation. Aber es hilft unglaublich, wenn wir uns bewusst machen, was wir fühlen. Schreiben ist eine gute Technik, das zu tun.

Schreiben macht den Kopf klar, und in dem Moment, indem man einen klaren Kopf hat, wird alles erträglicher. Taylors Art, mit ihren Gefühlen umzugehen, ist Schreiben – Wörter und Noten, Texte und Melodien. So wird ihr bewusst, was sie fühlt. Etwas Trauriges wird nicht weniger traurig, wenn wir es aufschreiben, aber es kommt eine Ebene hinzu: Wir fühlen nicht nur Trauer, sondern wir erkennen und reflektieren sie. Das ist ein riesiger Unterschied: Wenn wir etwas nur fühlen, dann SIND wir es. Wenn wir etwas erkennen, dann können wir damit umgehen. Wenn du dir in den Finger schneidest, fühlst du zuerst nur den Schmerz, aber dann übernimmt dein Kopf und du holst dir ein Pflaster. Davon wird der Schmerz nicht verschwinden, aber du überwindest den ersten Schock und weißt: Es ist nur ein Schnitt, und jetzt ist die Blutung gestoppt. Es tut weh, aber ich werde nicht daran sterben. So ähnlich ist es mit Gefühlen. Nach der ersten, überwältigenden Welle kannst du dich selbst angucken und sagen: Ich bin traurig. Oder wütend. Oder verängstigt. Sobald du es benennen kannst, beherrscht es dich nicht mehr komplett. Es ist der erste Schritt dahin, dass es besser wird.

Vielleicht ist dein »Schreiben« auch etwas anderes. Vielleicht malst du lieber, oder du ziehst dir Boxhandschuhe an und schlägst auf einen Punching-Ball. Oder du machst mal das eine und nächstes Mal etwas anderes.

You are family

56 **TAYLOR SWIFT** wäre ohne ihre Familie nicht da, wo sie ist – und wäre sie es doch, würde sie es ohne ihre Familie wahrscheinlich nicht ertragen. Familie ist das Wunder- und Heilmittel, wenn sie zusammenhält und als Familie funktioniert. Die Einschränkung ist wichtig, denn in vielen Fällen ist es anders. Für manche Menschen ist Familie vor allem eine Bürde, und für die meisten wahrscheinlich eine Mischung aus allem, je nach Situation und je nachdem, um wen es sich in der Familie gerade handelt. Es heißt, man könne sich seine Familie nicht aussuchen, aber das stimmt nur zum Teil. Die Vergangenheit lässt sich nicht ändern – aber die Zukunft liegt ebenfalls in deiner Hand.

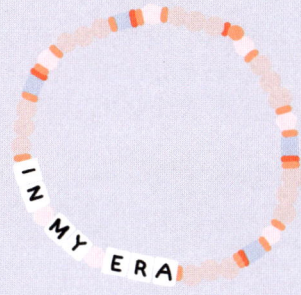

Listen to grandma

57 **DAS LIED »MARJORIE«** auf dem Album »Evermore« hat Taylor in Erinnerung an ihre Oma geschrieben. Sie hieß Marjorie Finlay und war Opernsängerin. Tatsächlich hört man sie auch im Hintergrund, obwohl sie schon 2003 gestorben ist. Sie hatte offensichtlich einen großen Einfluss auf Taylor, und durch das Lied auch auf uns, denn im Text teilt Tay Tay Weisheiten ihrer Großmutter.

»Never be so kind, you forget to be clever« singt sie, und dann das Gegenstück, »never be so clever, you forget to be kind«. Es ist ein guter Rat, denn natürlich wollen wir nett und freundlich zu anderen Menschen sein, aber nicht so sehr, dass wir uns von ihnen ausnutzen lassen. Meistens merkt man es erst hinterher – aber wir müssen ja keinen Fehler zweimal machen, wir können lernen.

Allerdings ist das Gegenteil auch richtig: Sei nie so schlau, dass du vergisst, freundlich zu sein. Das heißt, wir dürfen nicht ständig misstrauisch durch die Welt laufen und vermuten, dass alle uns ausnutzen wollen. Menschen, die so sind, haben meistens keine Freunde. Wer will schon mit jemandem befreundet sein, der immer misstrauisch ist? Es geht darum, einen Mittelweg zu finden.

Es ist ein Rat, den nur Omas geben können, weil sie in ihrem Leben schon genug erlebt haben, um das einschätzen zu können. Es lohnt sich, ihnen zuzuhören, solange man das Glück hat, noch eine (oder mehrere) zu haben!

Take the money

58 **KENNST DU DAS VIDEO,** in dem die achtjährige Taylor eine Gitarre zu Weihnachten bekommt? Sie schreit: »Guitar!«, und dann mit der größten Freude, die man sich überhaupt vorstellen kann: »I! Am! Happy!!« Und so wirkt sie auf der Bühne auch heute noch. Es kann keinen Zweifel geben, dass Taylor es liebt, Musik zu machen – und dabei ist sie zur ersten Frau geworden, die mit Musik mehr als eine Milliarde Dollar verdient hat. Mit dem, was sie liebt. Das geht. Es fühlt sich für viele Menschen komisch an, sogar falsch, Geld für etwas zu bekommen, das sie sowieso tun würden. Solltest du in eine solche Situation kommen: Take the money! Es ist mehr als okay.

Accepting help is no weakness

59 **LIEGST DU MANCHMAL** nachts wach und überdenkst alles hundertmal und fragst dich, warum bei anderen alles klappt und nur bei dir nicht? Wahrscheinlich weißt du, dass es Taylor auch so geht.

»When my depression works the graveyard shift«, singt sie in »Anti-Hero«. Vielleicht sind solche Texte, die zeigen, dass sie alle Sorgen kennt, sogar der Grund, warum du sie magst? Viele ihrer Lieder handeln davon, wie sehr sie an sich selbst zweifelt, und sogar davon, dass sie sich manchmal hasst. Und wenn es der erfolgreichsten Frau der Welt so geht, dann ist wirklich niemand davor sicher, oder?

Es liegt also nicht an dir, und es ist natürlich nicht schlimm zu zweifeln oder sich Sorgen zu machen und alles immer wieder zu überdenken. Aber irgendwann wird es zu viel. Du musst ein Ende finden können, sonst wird das ständige Grübeln ungesund. Es gibt Symptome dafür, wann es zu viel wird. Wenn du nicht mehr schlafen kannst und noch müder aufwachst, als du eingeschlafen bist, oder wenn du über einige Zeit zu viel oder zu wenig isst zum Beispiel. Wenn du nicht aufhören kannst, über Dinge in deiner Vergangenheit nachzudenken oder dir Katastrophen in der Zukunft vorzustellen. Wenn du ständig verspannt oder ruhelos bist. Das heißt nicht, dass du verrückt bist oder krank, keine Angst, aber ziemlich sicher wirst du deine Anspannung nicht durch noch mehr Grübeln lösen können. Im Gegenteil, das macht es noch schlimmer. Du kannst dir in solchen Momenten wahrscheinlich tausendmal sagen, dass du okay bist, wie du bist, und dass nicht alles schlecht ist – aber es fühlt sich nicht so an. Weil du dich in deinem eigenen Kopf drehst, und der zieht dich runter.

Wenn du das erlebst, dann tust du dir einen riesigen Gefallen, wenn du dir schnellstmöglich Hilfe suchst. Das kann in deinem Umfeld sein, aber es ist auch nichts verkehrt daran (im Gegenteil, es ist ALLES RICHTIG DARAN) zu einem Profi zu gehen.

Es gibt viele Tausend Stellen, an denen man in Deutschland, Österreich und der Schweiz psychologische Unterstützung bekommen kann, und es gibt nicht den einen perfekten Weg. Am besten fragst du jemanden, der sich auskennt und dem du vertraust. Du kannst natürlich auch im Internet nach psychologischer Beratung suchen. Wenn du das Gefühl hast, es zerreißt dich gerade, dann kannst du immer die Telefonseelsorge anrufen, in Deutschland unter der Nummer 116123, in Österreich unter 142 (Kinder und Jugendliche 147) und in der Schweiz unter 143 (Kinder und Jugendliche 147). Wirklich jeder kann anrufen, wirklich anonym, wirklich jederzeit. Denn jeder braucht manchmal Hilfe. Wenn es bei dir so ist, bitte lass sie dir geben. Das ist wahre Stärke.

Just keep doing what your doing

60 **ES GAB DIE ZEIT,** als Taylor dachte, ihre Karriere wäre vorbei. Es gab die Zeit, als man ihr sagte, ihre Musik würde jetzt einer Plattenfirma gehören, deren Chef sie hasste. Du kennst ihre Texte und weißt, wie sehr sie immer wieder kämpfen musste, um die Kraft zu finden, weiterzumachen. Aber du siehst auch, dass es der einzige Weg ist. Für sie, und für dich. Denn auch wenn es sich manchmal nicht so anfühlt: Morgen ist ein neuer Tag.

Train your creativity

61 **ALS ERFOLGREICHSTE SONGSCHREIBERIN** der Welt wird Taylor oft gefragt, welche Tipps sie geben kann. Sie ist das so oft gefragt worden, dass es unzählige Antworten gibt, aber sie alle haben etwas gemeinsam: Es wird nur gut werden, wenn es aus dir selbst herauskommt. In einem Q&A für Lesende einer Zeitschrift sagt sie zum Beispiel: »Denk nicht daran, für wen du den Song schreibst oder dass er im Radio gespielt werden soll, denk an die Person, von der das Lied handelt.« Sie stellt sich vor, was sie dieser Person jetzt gerade sagen will – und wir wissen aus ihren Liedern, dass es keine echte, lebende Person sein muss, sie kann auch erfunden sein.

Das Geniale an Taylors Tipp ist aber, dass er so konkret ist. Wenn dir eine Freundin sagt, »erzähl mal eine gute Geschichte über irgendwas«, dann ist das viel schwieriger, als wenn sie sagt, »erzähl eine gute Geschichte über deine Mutter«. Wenn du weißt, worüber du sprechen möchtest, und wem du es erzählst, dann hast du den schwierigsten Teil schon hinter dir.

Kreativität ist das Werkzeug, um Probleme zu lösen, die wir noch nicht kennen. Das Material dazu ist Fantasie, sie ist deine wichtigste

Quelle. Du kannst nur das erreichen, was du dir auch vorstellen kannst. Deshalb ist es so wichtig, deine Kreativität und Fantasie zu trainieren, und Taylor zeigt dir einen sehr guten Weg dafür auf.

Du musst dafür keine Songs schreiben, aber nächstes Mal, wenn du an einem Problem knabberst, setz dich hin und schreib einen Brief. An den Menschen, mit dem du das Problem hast. Oder, wenn dein Problem ein gebrochenes Bein ist, dann kannst du auch einen Brief an das Bein schreiben. Davon heilt es nicht schneller, aber du wirst sehen, wie deine Probleme ihre Form verändern, wenn du mit deiner Fantasie und deiner Kreativität auf sie zugehst. So macht es Taylor, und es sieht ein bisschen so aus, als würde es bei ihr laufen, oder?

Catch and Release

62 **»EIN TEIL DES ERWACHSENWERDENS** handelt von catch and release«, sagt Taylor in ihrer Abschlussrede 2022 für die Studierenden der New York University. »Catch and Release« ist eine Redewendung, die vom Angeln kommt. Es bedeutet »Fangen und Freilassen«, also eine Technik, bei der Angler die gefangenen Fische wieder freilassen (in Deutschland ist das verboten). »Was ich damit meine«, fährt Taylor fort, »ist das Wissen, welche Dinge man festhält, und welche Dinge man gehen lässt. Du kannst nicht alles mit dir herumschleppen.« Du kannst nicht jeden Ärger festhalten, nicht jeden Neid darauf, was andere haben und machen. Es ist dein Leben, und du kannst dich entscheiden, was gut für dich ist. Das behältst du. Den Rest lässt du los. Er ist nicht für dich bestimmt.

Say never again and again

63 WENN WIR ALLE KONSEQUENT WÄREN, hätten wir einfachere, langweiligere Leben. Es gäbe keine Geschichten wie die, die uns Taylor in »We Are Never Ever Getting Back Together« erzählt, in der sie sich quasi ständig von ihrem Freund trennt und wieder mit ihm zusammenkommt. Und jedes Mal sagt sie sich, »wir kommen niemals wieder zusammen«.

Die Wahrheit ist, dass wir alle dauernd Entscheidungen treffen, die wir nicht durchhalten. Dieser neue Sport, den wir angefangen haben und der uns nach drei Monaten langweilt. Diese ungesunde Angewohnheit, die wir ablegen wollten. Oder eben diese Beziehung, die uns immer nur ganz kurz glücklich macht, bevor der ewig gleiche Mist wieder anfängt – das wollten wir doch nie wieder machen! Und dann machen wir es doch.

Echte Veränderungen sind super schwer, denn wir alle fühlen uns in unserer Comfort Zone am wohlsten. Aber die härteste Aufgabe ist, dich selbst zu verändern. So wie Taylor in dem Lied den Mann gleichzeitig wegstößt und vermisst, so geht es uns mit vielen Dingen: Wir können nicht davon lassen, obwohl wir wissen, dass sie nicht gut für uns sind.

Angewohnheiten sind wie eine Sucht – oder sie sind tatsächlich eine Sucht. Nehmen wir als Beispiel stundenlanges Scrollen auf Social Media. Wir gucken zu, was andere über ihr ach so perfektes Leben teilen, und es zieht uns runter. Und trotzdem scrollen wir weiter. Irgendwann schwören wir uns, nicht mehr so viel Zeit zu verschwenden – bis wir es dann doch wieder tun und uns noch schlechter fühlen.

Echte Veränderung geht langsam vonstatten, in kleinen Schritten. Und sie klappt ganz selten sofort. So wie Süchtige oft mehrere Anläufe brauchen, weil sie immer wieder rückfällig werden, sind schlechte Angewohnheiten schwer zu durchbrechen. Du kannst dir sagen: »Ich lasse mich nie wieder runterziehen dadurch, dass auf Social Media alle so perfekt aussehen und offensichtlich alle Spaß haben außer mir« – und dann passiert es doch wieder. Hör deshalb nicht auf. Das ist kein Versagen, es ist ganz normal. Aber du kannst es dir einfacher machen, indem du dir sagst: »Ich werde mich heute nicht runterziehen lassen« – und den Tag durchziehst. Das schaffst du. Sag ruhig »nie wieder«, auch wenn es übertrieben ist, ist es trotzdem ein gutes Ziel. Mach dir trotzdem klar, dass »niemals« eine lange Zeit ist, und setz dir gleichzeitig ein überschaubares Ziel.

Taylor singt »never ever«, aber damit es funktioniert und sie den Typen loslassen kann, der ihr nicht guttut, muss sie gleichzeitig sagen: heute nicht.

Jetzt nicht.

Und morgen wieder.

Und dann wieder.

Irgendwann wird es leichter, und dann ist es vielleicht wirklich irgendwann never ever.

Put art everywhere

64 **IN IHREM NEW YORKER TOWNHOUSE** hat Taylor eine Widmung von Paul McCartney aufgehängt, einem der Beatles und größten Songschreiber aller Zeiten. Darauf steht »Take These broken Wings and learn to fly«. Der Satz stammt aus dem Lied »Blackbird«, das McCartney komponiert hat, und er ist sicher einer der schönsten überhaupt, weil er so viel Mut macht. Wir alle kommen uns manchmal vor wie Vögel mit gebrochenen Flügeln, aber das heißt nicht, dass wir nicht fliegen lernen können. Angeblich hängt diese Widmung gerahmt auf Taylors Gäste-Toilette, was ein guter Ort ist: Da können Gäste sie bewundern, ohne dass jemand mitbekommt, wie sie sie anstarren.

DAYLIGHT

Create your own eras

65 **LEBEN HEISST,** Entscheidungen zu treffen. Vielleicht weißt du genau, was du später machen willst, so wie Taylor schon als kleines Mädchen wusste, dass sie Sängerin und Songwriterin werden wollte. Vielleicht hast du aber auch gerade keine Ahnung, wohin dich dein Weg mal bringt und was dir eigentlich Freude bereitet. Das ist nicht so wichtig, wie du denkst. Denn Entscheidungen trifft man selten für immer. Taylor wurde Country-Sängerin, dann Pop-Sängerin, dann alles mögliche andere. Sie war ständig im Wandel. Sie nennt diese Phasen ihre Eras – und die kannst du genauso haben.

Entscheidungen sind oft schwierig zu treffen, weil man nie sicher weiß, ob das Neue besser oder schlechter ist als das, was man gerade hat. Wir können nicht in die Zukunft sehen, wir können es nur ausprobieren, und das macht manchmal Angst. Manche Entscheidungen fühlen sich an, als würden sie das ganze Leben bestimmen: Schule, Ausbildung, Studienplatz oder Jobwahl zum Beispiel. Dabei gibt es sehr wenige Entscheidungen, die wirklich für immer sind. Ein Kind zu bekommen ist so eine. Der Ausbildungsplatz ist es nur, wenn du es willst. Man kann einen Ausbildungsplatz wechseln oder eine weitere Ausbildung anhängen. Man kann in einem ganz anderen Job arbeiten als dem, den man gelernt hat. Man kann sich neu entscheiden.

Vielleicht hilft dir dieses Bild dabei: Stell dir dein Leben als einen Raum vor, von dem zwei Türen abgehen. Du kannst in dem Raum bleiben, wenn es dir gefällt. Falls nicht, dann geh. Hinter beiden Türen liegen neue Räume – einer, der dir besser gefällt, und einer, in dem es dir schlechter geht als hier. Das Risiko gibt es. Aber du musst wissen: Jeder der beiden neuen Räume hat wieder zwei Türen. Du musst dort nicht bleiben. Du hast ein Recht darauf, dein Leben so oft neu zu erfinden, wie du willst. Manche deiner persönlichen Eras werden wahrscheinlich länger und andere kürzer. Aber das entscheidest du selbst.

In welchen Eras befindest
du dich zurzeit?

Love love

66 **ALS IHR FREUND TRAVIS KELCE** im Super-Bowl spielte, flog Taylor nach ihrem Eras-Tour-Auftritt in Tokio (also knapp vier Stunden Höchstleistung) direkt 13 Stunden nach Hause, um am nächsten Tag rechtzeitig da zu sein. So etwas macht man, wenn man sehr verliebt ist. Dann hat man Energie für alles und macht alles möglich. Genieß es, solange es anhält!

Go with the flow

67 ES KLINGT UNGLAUBLICH, aber Taylor sagt immer wieder, dass sie die meisten ihrer Lieder in kürzester Zeit schreibt. »Love Story« zum Beispiel in 20 Minuten. Wir kennen das Gefühl, wenn alles gelingt und auf einmal jedes Puzzle-Teil wie von selbst an den richtigen Platz fällt. Diesen Zustand untersuchen Wissenschaftler schon lange. Sie nennen ihn »Flow«, und jeder kann ihn erreichen. Sportler zum Beispiel beschreiben das als »In der Zone sein« (»being in the zone«). Es passiert, wenn man so vertieft ist in etwas, dass alles andere drum herum verschwindet.

Und abgesehen davon, dass du dabei sehr produktiv bist, hat es noch eine weitere Wirkung: Du merkst gar nicht, wie viel Zeit du investiert hast – wenn du wieder auftauchst, stellst du vielleicht fest, dass es draußen längst dunkel geworden ist. Es ist gleichzeitig der beste Zustand, um deine innere Batterie aufzutanken, denn obwohl du arbeitest, entspannt sich dein Gehirn. Es ist kein Stress.

Falls du gerne Sport machst, wirst du es kennen, dass du nach einem Workout oder einem Spiel körperlich völlig fertig bist, aber innerlich aufgeladen. Dann warst du »in the zone«.

Es ist wichtig – und zwar wirklich wichtig –, dass du in deinem Leben Dinge findest, bei denen du dich so fühlst. Du musst ein bisschen aufpassen, dass du die Zeichen richtig liest, denn es gibt auch Dinge, bei denen man die Zeit vergisst, die aber ganz anders wirken: Wenn du stundenlang durch Social Media scrollst oder online zockst, kannst du auch die Zeit vergessen, aber es ist trotzdem Stress für dein Gehirn und danach bist du eher ausgelaugt.

Es heißt »Flow«, weil es ein sanfter Zustand ist, in dem man Dinge nicht erzwingt, sondern geschehen lässt. Tanzen zum Beispiel.

Was macht dich glücklich? Jetzt wirst du mit ziemlicher Sicherheit an genau das denken, was dich in den Flow bringt. Grüble nicht zu viel drüber nach und mach es einfach. Finde deinen eigenen Flow.

Bei Taylor ist es das Liederschreiben. Und ob es nun stimmt oder nicht, dass »Love Story« in 20 Minuten geschrieben wurde, für Tay Tay fühlt es sich an, als würde dabei praktisch keine Zeit vergehen.

Keep secrets

68 **ES GIBT INTERVIEWS** aus der Zeit, als Taylor und Travis schon gedatet haben, aber es nicht öffentlich machten. Für Travis ist es offensichtlich nicht leicht, die Klappe zu halten – er redet gern. Aber er hat es geschafft, und das ist gut so: Jede Beziehung hat Geheimnisse, und das betrifft nicht nur Liebesbeziehungen, sondern auch Freundschaften. Es ist ein Zeichen von Respekt, sich daran zu halten. Vertrauen ist die Grundlage von fast allem.

CALMDOWN

You're on your own, kid

69 ES GEHT OFT UM LIEBE, Familie und Freundschaften in Taylors Welt, und wenn sie darüber singt, wie sich Einsamkeit anfühlt, fühlen wir uns beim Hören schon weniger allein. Trotzdem ist es so: In vielen Momenten im Leben ist man allein.

Natürlich hat Tay Tay auch darüber einen Song geschrieben – noch genauer handelt »You're On Your Own, Kid«, so wie wir es verstehen, davon, wie sie erwachsen geworden ist. Nicht so sehr von einem bestimmten Alter, sondern von einem bestimmten Moment: Als sie festgestellt hat, dass sie auf sich selbst gestellt ist. »You're on your own, kid«, singt sie, und am Ende des Songs »yeah, you can face this«.

Wie wichtig das für sie ist, zeigt sie auch in ihrer Rede für die Studierenden, die gerade an der New York University ihren Abschluss gemacht haben. Sie endet damit, dass sie sagt »ich habe eine beängstigende Nachricht für euch«, und später »ich habe eine großartige Nachricht für euch«. Die Nachricht ist dabei zweimal dieselbe: Du bist jetzt auf dich gestellt! Denn alle wirklich wichtigen Entscheidungen in deinem Leben musst du selbst treffen.

Du kannst dir Rat holen, und es gibt hoffentlich Menschen, auf die du dich verlassen kannst, wenn alles schiefgeht. Aber die Richtung in deinem Leben bestimmst du selbst. Das ist Freiheit, und es ist das höchste Gut, das du hast – genau wie der wichtigste Mensch in deinem Leben, auf den du dich immer verlassen kannst, du selbst bist.

Kannst du dich daran erinnern, in welcher von Taylors Eras du zum Swiftie geworden bist? Welche waren deine Lieblingssongs?

IN MY ERA

Feelings change

70 TAYLOR HAT DAS SCHÖNSTE und wahrste Lied darüber geschrieben, wie es ist, wenn man 15 Jahre alt ist. »Cause when you're fifteen / And somebody tells you they love you / You're gonna believe them«, singt sie in »Fifteen«. Vielleicht bist du gerade 15 und fühlst dich gerade genau so. Doch in »Fifteen« heißt es weiter: »Back then I swore I was gonna marry him someday / But I realized some bigger dreams of mine.« In wen auch immer du gerade verliebt bist, die Wahrheit ist: Es geht vorbei, weil alles vorbeigeht. Gefühle ändern sich. Manche Menschen sind ein Leben lang zusammen, aber nicht deshalb, weil sich ihre Gefühle nicht verändert haben, sondern weil sich ihre Gefühle gemeinsam verändert haben. Das heißt nicht, dass es ganz andere Gefühle sind.

Manche Menschen liebt man für immer. Manche Menschen vermisst man für immer, wenn sie nicht mehr da sind. Aber auch das Lieben und das Vermissen ändern sich.

Solltest du gerade in einer Situation sein, in der sich alles unerträglich anfühlt, dann hör dir »Fifteen« noch einmal genauer an, denn es handelt nicht nur davon, wie es ist, 15 Jahre alt zu sein, sondern vor allem davon, dass niemand für immer 15 bleibt. Das Leben geht weiter, und du kannst noch viele große Träume verwirklichen.

It's not the guitar

71 **IST DIR AUFGEFALLEN,** dass auf vielen von Taylor Swifts Gitarren ihr Name steht? Das heißt nicht unbedingt, dass sie speziell für sie gemacht wurden: Taylor Guitars ist ein kalifornischer Gitarrenbauer, und es ist kein Wunder, dass Tay Tay die Instrumente schon ihre gesamte Karriere lang spielt, bestimmt auch wegen des Namens, aber es sind auch sehr gute und teure Gitarren. Wer selber Songs schreiben will, besonders wenn Taylor Swift das Vorbild ist, träumt wahrscheinlich von so einem Instrument.

Aber natürlich kommt es nicht auf die Gitarre an. Wir leben in Zeiten, in denen uns dauernd von allen Seiten durch Marketing erklärt wird, wir bräuchten dieses oder jenes Gerät, damit etwas klappt. Die beste Ausrüstung, das neueste Handy, die tollste Kamera. Dabei ist es schlicht Unsinn.

Such mal auf YouTube »Taylor Swift Ukulele Fearless Performance«. Eine Ukulele klingt im Vergleich zu Taylors Taylor-Gitarren viel dünner, aber das Video von ihrem Auftritt ist toll. Natürlich ist es das, Taylor ist toll, das liegt nicht an ihrer Gitarre. Genau wie gute Fotografen mit allen Kameras gute Fotos machen und ein guter Sportler nicht deswegen gut ist, weil er tausend Euro für eine Pulsuhr bezahlt hat. Es kommt nicht auf die Ausrüstung an, sondern nur darauf, wie viel du übst und arbeitest.

Use your voice

72 **TAYLOR SETZT SICH** für politische Themen ein, etwa für die Rechte von queeren Menschen oder das Recht auf Abtreibung. Sie hat auch schon ein paarmal zur Wahl von Kandidaten der Demokratischen Partei aufgerufen, unter anderem von US-Präsident Joe Biden. Das ist ein ziemlich großer Schritt für eine Künstlerin wie Taylor, denn es ist ja klar, dass es viele Menschen ärgert. Die Fans von Donald Trump zum Beispiel, oder auch Menschen, die finden, dass Sänger nicht über Politik reden sollen.

Es hätte die Gefahr gegeben, dass Leute nicht mehr zu Taylors Konzerten gekommen wären. Sie hat es trotzdem gemacht, und man kann daraus zwei Dinge lernen: Sag deine Meinung, und sag sie klar und deutlich. Und vor allem: Lass dir von niemandem einreden, du dürftest keine eigene Meinung haben, weil du angeblich nicht genug Ahnung hast. So funktioniert Demokratie nicht. Du hast eine Stimme, wie jede und jeder andere auch. Es ist sicher klug, sich vorab zu informieren und Leuten zuzuhören, die sich mit etwas auskennen, aber das heißt nicht, dass nur sie eine Meinung haben dürfen.

Do it
your way

73 **TAYLORS EINSTIEG** in die Musikindustrie war nicht so einfach. Sie war noch extrem jung, und sie schrieb Country-Songs. Musik, von der man damals dachte, dass sie eher ältere Menschen hören, jedenfalls keine Jugendlichen. Außerdem gab es damals keine Streaming-Dienste, das Internet war noch längst nicht das, was es heute ist. Wer wie Taylor davon träumte, als Sängerin Erfolg zu haben, brauchte eine Plattenfirma, aber die Chefs in diesen Firmen fanden Taylor zu jung.

Zum Glück ließ sich Taylor davon nicht abhalten. Sie spielte, wo immer sie konnte, und sie nahm ihre Musik auf und stellte sie auf My-Space, das war so eine Art erstes Soziales Netzwerk, noch bevor es Facebook gab. An Snapchat oder TikTok war noch gar nicht zu denken, an Spotify oder Ähnliches auch nicht. Im Jahr 2007 brach Taylor den Rekord für die meisten Streams auf MySpace, und du wirst lachen, der Rekord lag damals bei 30 Millionen. Für heutige Verhältnisse relativ wenig.

Diesen Impuls, Dinge einfach anders und selbst zu machen, hat Taylor beibehalten. Sie hat die »Taylor's Versions« ihrer Lieder aufgenommen, als Big Machine Records in falsche Hände geriet. Sie hat Apple dazu gebracht, Künstler auch während des kostenlosen Probe-Abos zu bezahlen. Sie hat den Film zur »Eras Tour« ohne Verleihfirma direkt in die Kinos gebracht. Das Muster dahinter ist eindeutig, und wir können uns alle etwas davon abschneiden: Wenn man Taylor sagt, etwas geht nicht, dann hört sie, »es geht auf die alte Art nicht« – und denkt sich eine neue aus.

DAYLIGHT

Burn the pictures

74 MANCHE DINGE muss man hinter sich lassen, und dabei kann ein symbolischer Akt helfen: Fotos von Ex-Lovern zu verbrennen ist so einer, und Taylor Swift benutzt ihn als Metapher in ihrem Song »Picture to Burn« auf »Taylor Swift«. Darin erzählt sie von einem Ex, den sie hasst und beschimpft, und der jetzt für sie »nur noch ein Foto zum Verbrennen« ist. Es ist das einzige Lied auf dem Album, von dem Taylor sagt, sie hat es aus Wut geschrieben (über einen Klassenkameraden), und auch, dass sie es heute so nicht mehr schreiben würde, weil sich diese Art Rachegefühle sehr verändern, wenn man älter wird. Komischerweise ist also »Picture to Burn« selbst zu einer Sache geworden, die ein bisschen zurückgelassen wird.

Trotzdem ist der Akt, den sie beschreibt, eine Möglichkeit, um die Wut rauszulassen und mit etwas abzuschließen, das schmerzt. Ein Bild verbrennen, einen Ring in den Fluss werfen, ein vergessenes T-Shirt zerschneiden – wir wollen alle keine rachsüchtigen Menschen sein, aber ein bisschen Genugtuung brauchen wir.

Find peace
in the woods
(your version)

75 DAS ALBUM »FOLKLORE« HAT TAYLOR mitten in der Pandemie in der Isolation aufgenommen und veröffentlicht. Passenderweise hat sie erzählt, sie hätte sich vorgestellt, in einer Hütte im Wald zu leben. Wir alle brauchen manchmal einen stillen Ort, an dem wir kurz mit uns allein sind, und die Natur ist dafür natürlich perfekt.

Aber selbst wenn du keinen Wald magst, solltest du einen solchen Ort haben – das muss nicht mal wirklich ein physischer Ort sein, denn in Wahrheit ist der Ort in dir. Manche Sportler gelangen dorthin, wenn sie laufen oder Rad fahren oder schwimmen. Manche Menschen meditieren (es gibt Apps, mit denen man es üben kann). Manche gehen auch einfach nur spazieren. Wichtig ist nur, dass man nicht abgelenkt ist durch einen Bildschirm, durch Musik, ein Spiel, etc. Zehn Minuten Stille, ohne große Gedanken. Nur kurz fühlen: Wie geht es mir eigentlich?

Do it
(your version)

76 **ES GEHT NICHT DARUM,** dass du alle Dinge in deinem Leben perfekt machst. Es geht darum, dass du sie auf deine Art machst.

Klebe hier deine drei
liebsten Album-Cover
auf – natürlich
in Taylor's Version

CALM DOWN

Take yourself seriously

77 **MIT 14 BEKAM TAYLOR** ihren ersten Vertrag als Songschreiberin, was beweist, dass man nie zu jung ist, wenn man
etwas wirklich will und die Arbeit investiert, die dafür nötig ist. Es heißt
aber auch, dass sie mindestens zehn Jahre lang immer die Jüngste war.
Sie hat wahrscheinlich mehr nett gemeinte Ratschläge bekommen als
irgendjemand sonst auf der Welt. Und wir kennen das alle: Fünf Menschen geben fünf verschiedene Ratschläge, entscheiden muss man am
Ende jedoch selbst. Das hält man nur durch, wenn man auf sich und sein
Bauchgefühl vertraut – auch mit 14.

But not too seriously

78 **WENN TAYLOR GEFRAGT WIRD,** was ihr großes Talent ist, dann sagt sie nicht »Songs schreiben« oder »Singen«, sondern dass sie 50 Katzenrassen innerhalb von einer Minute herunterrattern kann. Und sie kann es tatsächlich. Jeder sollte einen sinnlosen Trick können.

Put social back in Social Media

79 WENN TAYLOR AUSSERHALB von ihren Konzerten mit Fans kommuniziert, dann über Social Media. Man könnte erwarten, dass sie nach all den Hate-Kommentaren keine Lust mehr hat, sich auf Online-Plattformen herumzutreiben, aber sie tut es. Der Beweis sind die überraschenden Nachrichten – oder sogar Spenden –, die viele Swifties von ihr bekommen haben. Es geht also: Auch im Netz kann man respekt- und sogar liebevoll miteinander umgehen. Wir müssen es nur tun – und alle blockieren, die sich nicht daran halten.

Look over the horizon

80 DAS SCHÖNSTE FÜR ALLE SWIFTIES IST ES, über die Bedeutung von Taylors Texten zu diskutieren, aber darf man eigentlich ein Lied anders verstehen, als Taylor es gemeint hat? Für uns hat sich nämlich die Bedeutung von »White Horse« in den Jahren, seit es 2008 zum ersten Mal erschienen ist, ziemlich verändert. Das Lied handelt von einem enttäuschten Mädchen, das ihrem Verehrer sagt, jetzt brauche er nicht mehr als Prinz auf seinem weißen Pferd auftauchen, denn »ich bin keine Prinzessin«, und später »dies ist nicht Hollywood, dies ist eine Kleinstadt«. Taylor selbst hat beim Erscheinen des Liedes 2008 gesagt, es handelt von dem Unterschied zwischen Märchen und Realität – allerdings ist ihr Leben seitdem ein ziemliches Märchen geworden. Sie ist längst eher Hollywood als Kleinstadt, deshalb fühlt sich das Lied heute anders an.

Wir verstehen es heute so, dass die Welt größer ist als das, was man gerade sehen kann. Nicht einmal Taylor konnte sich wahrscheinlich damals vorstellen, wie weit sie es einmal bringen würde.

Let hair speak

81 **ES IST MANCHMAL** nicht ganz einfach, die Taylor von heute in der Taylor vom Anfang ihrer Karriere zu erkennen, als sie mit goldenen Locken herumlief, kein Wort zu politischen Themen sagte und sich bis in eine Essstörung hineinhungerte. Wenn man sie heute sieht, dann hat man Mitleid mit dem Mädchen von damals. Sie sah toll aus, und vielleicht ist es nur das Wissen von heute, aber rückblickend sieht man, dass sie alles getan hat, um anderen zu gefallen.

Heute sieht sie immer noch fantastisch aus. Ihre Stylistin Jemma Muradian macht ihr die besten Frisuren. Aber such einmal im Netz nach dem Cover des originalen »Fearless«-Albums im Gegensatz zu »Fearless (Taylor's Version)«, dann siehst du es am krassesten – sie ist ein neuer Mensch, und hundertfach entspannter.

Es wird dauernd gesagt: »Style dich für dich selbst, nicht für andere.« Es ist nur nicht so leicht, denn natürlich möchte jeder Mensch gerne von anderen gut gefunden werden. Nimm Taylors Haare als Erinnerung, dass wir jeden Aufwand betreiben dürfen, um gut auszusehen – aber wichtig ist nur, dass wir uns selbst gut finden.

Show that you care

82 DU WEISST, WIE TAYLOR UND TRAVIS KELCE sich zum ersten Mal getroffen haben. Sie hat sich bei ihm gemeldet, weil er sehr süß in seinem Podcast erzählt hat, dass er sie kennenlernen möchte. Hätte er das nicht offen gesagt, wären die beiden sich nie begegnet – und man möchte nicht darüber nachdenken, wie viele wunderbare Paare nie zusammengekommen sind, weil beide zu cool waren, ihr Interesse so offen zu zeigen.

Fight for your reputation

83 **DU KENNST SICHER** die schwierige Geschichte rund um die Entstehung des Albums. In den Jahren nach dem Mega-Erfolg von »1989« wurde Swift plötzlich alles Mögliche vorgeworfen: Sie wäre eine berechnende Schlange, keine echte Feministin und eine Lügnerin. Sie zog sich aus der Öffentlichkeit zurück und machte, was sie immer macht, wenn sie etwas verarbeiten muss. Sie schrieb Songs.

Das Album, das sie herausbrachte, war »Reputation«, und der Name war Programm: Es stellte Taylors Ruf wieder her, sie war hinterher stärker und erfolgreicher als je zuvor. Auf den allerersten Blick wirkt es ein bisschen wie ein Rache-Album, mit Titeln wie »Look What You Made Me Do«. Aber natürlich ist Taylor nicht so. Sie hat mit allen möglichen Hinweisen und Symbolen gespielt, zum Beispiel mit dem Bild einer Schlange, aber sie hat nicht gedisst oder einen Streit weitergeführt, sie hat etwas viel Schlaueres und Größeres getan: Sie hat gezeigt, wer sie ist.

Die Taylor in »Reputation« ist genauso verletzlich und freundlich, wie sie nun einmal ist. Das ist die höchste Stufe: Wenn jemand dich beleidigt und böse Dinge über dich sagt, dann würden die meisten wahrscheinlich zurückschlagen. Tay Tay hat sich darübergestellt und ganz einfach gezeigt, wer sie ist: keine Schlange, kein Fake, sondern Taylor. Besser kann man für seinen Ruf nicht kämpfen.

PS. Für uns ist »Reputation« Taylors bestes Album, und wir sehnen den Tag herbei, an dem es als Taylor's Version erscheint und wir es endlich wieder guten Gewissens hören können.

It's okay to
have a passion

84 **AM COOLSTEN** wirken immer diejenigen, die so tun, als wäre ihnen alles egal. Das geht schon in der Schule los: Wer hart arbeitet, weil er große Ziele hat im Leben, der gilt als Streber. Beliebt sind oft die, die nichts tun. In so einem Umfeld war jemand wie Taylor, die schon als Kind wie besessen an ihrer Musik arbeitete, eine Streberin: Sie wollte so viel und so sehr!

Damals wollte sie gerne die Coolen daten, sagt Taylor selbst – aber heute stellt sie diejenigen, die am meisten und am stärksten wollen, in ihrer Firma an. Wenn du etwas willst, dann versteck es nicht, weil du cool sein willst. Das nutzt sich ab – Träume dagegen niemals.

Trust your talents

85 **TALENT IST EIN GROSSES MYSTERIUM.** Wir würden wahrscheinlich alle gern Songs schreiben können wie Taylor, aber was braucht es dafür? Kann man das lernen? Die Antwort ist nicht so glasklar, dass man sie in einem Satz zusammenfassen kann, aber auch nicht so kompliziert, wie sie wirkt: Ja, es braucht ein musikalisches Talent, um ein Lied zu schreiben, aber wahrscheinlich viel weniger, als wir uns vorstellen. Denk einmal daran, wie viele Songwriter es gibt, die in ihrem Leben nur einen großen Hit schreiben. Sie haben sicher Talent, sonst wäre ihnen das eine gute Lied nicht gelungen, das komponiert man ja nicht aus Zufall. Aber offensichtlich ist Talent allein dann doch nicht genug. Wie so oft im Leben führt Talent nicht sehr weit – es braucht auch noch ein bisschen Glück und vor allem sehr, sehr viel Disziplin.

Es gibt niemanden auf der Welt, die oder der wirklich Weltklasse ist in dem, was sie oder er tut, und keine tausend Stunden Arbeit hineingesteckt hat. Egal ob Musikerinnen, Sportlerinnen oder Wissenschaftlerinnen: Sie hatten Talent, sonst hätten sie den Anfang nicht geschafft. Was am Ende jedoch den Unterschied gemacht hat, ist ihre Motivation.

Das ist die gute Nachricht für dich: Wenn du etwas wirklich willst, dann kannst du es schaffen. Du musst dich nicht fragen, ob du genug Talent hast. Wahrscheinlich ja. Du musst dich nur fragen, ob du es wirklich genug willst, um all die Arbeit zu investieren, die nötig ist.

Die nicht ganz so gute Nachricht ist, dass immer auch ein bisschen Glück dazugehört. Irgendwann muss man jemanden treffen, der an einen glaubt, oder im richtigen Moment am richtigen Ort sein. Niemand schafft es ganz allein. Aber nimm Taylor: Als sie 14 war, bekam sie ihren Songwriter-Vertrag, und ein bisschen später saß Scott Borchetta bei einem ihrer Auftritte im Bluebird Café in Nashville im Publikum und gab ihr einen Plattenvertrag als Sängerin. Es ist Glück, dass er da war.

Aber glauben wir wirklich, dass ihr Leben so viel anders verlaufen wäre, wenn er an diesem Abend die Grippe gehabt hätte und zu Hause im Bett gelegen hätte? Nicht wirklich. Taylor wäre so lange aufgetreten, bis sie jemand anderes entdeckt hätte (oder Scott an einem anderen Abend). Sie hat das Talent, ja, aber vor allem hat sie die Motivation. Sie hat die Tausenden von Stunden investiert, hat gelernt und sich entwickelt. Das ist am Ende wichtiger als Talent.

Be generous

86 **WENN DU SEHR REICH WÄRST** – Taylor-Swift-reich – wofür würdest du spenden? Tay Tay hat viel Geld für alle möglichen Zwecke gespendet, die größten Summen, manchmal eine Million Dollar, für Hilfe, wenn ihre Heimatstadt Nashville oder ihr Staat Tennessee von Fluten oder Tornados betroffen waren, aber immer wieder auch »kleinere« Summen für sehr spezielle Zwecke.

Einmal zum Beispiel 50.000 Dollar für die 11-jährige Naomi, die nicht zum Konzert kommen konnte, weil sie wegen Leukämie behandelt werden musste, aber auch 1.300 Dollar für eine Aktion, die spezielle Haarpflege-Produkte für Mädchen mit afrikanischem Haar verteilt hat, oder 3.000 Dollar für einen Swiftie, die wegen COVID ihren Job verloren hat. Es muss ein gutes Gefühl sein, wenn man von einem Unglück liest oder von einer tollen Aktion, und helfen kann. Aber das ist nicht einmal das, woran man sieht, dass sie ein großzügiger Mensch ist, denn Taylor hat mehr Geld als wir alle.

Ihre wahre Großzügigkeit besteht darin, dass sie auch von dem gibt, was sie weniger hat als wir: ihre Zeit. Unzählige Male hat sie in ihrer Karriere Fans überrascht, hat auf Hochzeiten gesungen und sich viel Zeit für ihre Swifties genommen. Was viele davon am meisten überrascht hat, ist, dass sie schon vorher die Geschichten ihrer Fans dazu recherchiert hat. Denn das zeigt, dass sie sich tatsächlich für sie interessiert. Und das ist das großzügigste Geschenk, das man machen kann: sich wirklich für jemanden interessieren. Dafür muss man kein Popstar sein und nicht reich.

Learn from cats

87 **»KATZEN SIND GROSSARTIG«**, sagt Taylor, »sie sind würdevoll, sie sind sehr unabhängig und in der Lage, ihr eigenes Leben zu leben – und wenn du am Tag irgendwie reinpasst, dann haben sie vielleicht auch etwas Zeit für dich.« Ihre Katzen Meredith Grey, Olivia Benson und Benjamin Button gehören zu den berühmtesten Katzen aller Zeiten, vor allem wegen der Videos, die Taylor mit ihnen dreht – und weil sie wirklich unglaublich süß sind (Olivia schläft mit ausgebreiteten Armen auf dem Rücken!). Die Kombination ist wie Taylor selbst. Auch weil sie die Namen der beiden weiblichen Katzen nach zwei »starken, unabhängigen Frauen« ihrer Lieblingsserien ausgesucht hat, »Grey's Anatomy« und »Law & Order: Special Victims Unit«. Man kann also alles auf einmal sein – würdevoll, unabhängig und bereit, sein eigenes Leben zu leben. Nicht nur als Katze.

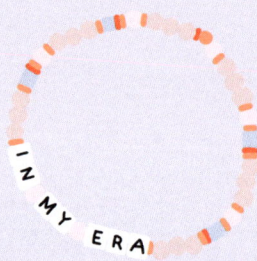

Understand your past

88 **MINDESTENS 44 LIEDER** singt Taylor auf der Eras-Tour, mit allen Surprise-Songs sind es wahrscheinlich sogar eher 50 – und manche sind 15 Jahre alt. Taylor heute ist nicht mehr die Taylor von früher, aber die Lieder sind immer noch ein Teil von ihr.

Wir haben oft das Gefühl, dass wir uns immer weiterentwickeln, dass wir lernen, und dass unsere Sicht heute deshalb wertvoller ist als die Sicht damals – aber das stimmt so nicht. Guck dir deine Eltern oder Großeltern an: Hast du das Gefühl, sie sind immer nur erfolgreicher geworden? Wohl kaum. Wahrscheinlich sind sie in vielem besser geworden, in vielen Sachen aber auch nur anders – und in manchen Dingen eindeutig schlechter, deshalb spielen keine 60-Jährigen in der Bundesliga.

Deine Vergangenheit bleibt wertvoll, auch wenn du heute alles anders machen würdest. Vielleicht gerade dann besonders, denn es heißt, du hast Dinge für dich und über dich gelernt.

What would Taylor do?

89 **WIR KÖNNEN** uns viel von Taylor Swift abgucken. Deshalb hilft dieser Trick wahrscheinlich ziemlich gut, wenn wir in einem Dilemma stecken und eine schwierige Entscheidung treffen müssen. Frag dich einfach: Was würde Taylor tun?

Quellenverzeichnis

S. 36: CNN „Anger over West's disruption at MTV Awards", https://edition.cnn.com/2009/SHOWBIZ/09/14/kanye.west.reaction/index.html

Zitate S. 44/45: www.youtube.com/watch?v=vnjHWLPjHv0

Zitat S. 53: https://www.nytimes.com/2009/12/06/t-magazine/womens-fashion/06well-swift.html?adxnnl=1&adxnnlx=1328224786-gJ3JGo-ADVg2AgJOI16DEBA

Zitat S. 56: CBS „This Morning Extra", abgerufen: http://www.youtube.com/watch?v=Rux5LZ1IU1Q

Zitat S. 60: https://www.hollywoodreporter.com/news/music-news/taylor-swift-album-re-records-engineer-laura-sisk-jack-antonoff-1235812109/

S. 87: http://www.youtube.com/watch?v=OBG50aoUwlI

Zitat S. 100: Aus VOGUE (US), April 2016

Zitat S. 100: https://www.instagram.com/p/Ch1Ed_Su6Qw/?utm_source=ig_web_copy_link

S. 106: www.youtube.com/watch?v=XQPrjzRfXMI

S. 120: Ebenda

Zitat S. 136: https://content.time.com/time/subscriber/article/0,33009,1893502,00.html

Zitat S. 139: www.youtube.com/watch?v=OBG50aoUwlI

S. 152: Ebenda

Zitat S. 156: https://www.youtube.com/watch?v=3SKbh8UxkTQ

Zitat S. 160: https://www.country.de/2007/12/04/taylor-swift-30-millionen-aufrufe-bei-myspace/

Zitat S. 172: https://www.songfacts.com/facts/taylor-swift/white-horse

Zitat S. 186: https://www.youtube.com/watch?v=RuFtiSxQ9sQ

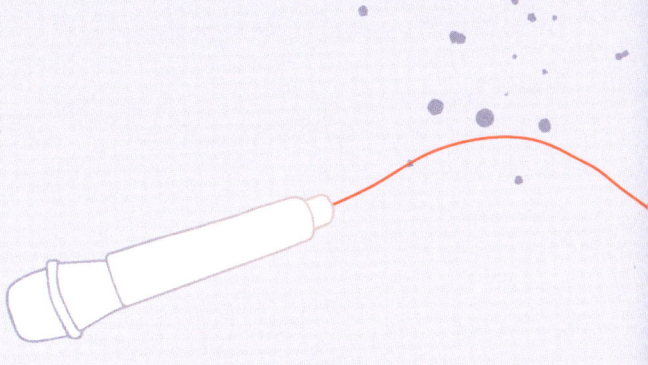

Pantelouris, Sophia und Michalis
89 Taylor Rules
ISBN 978 3 522 50880 3

Gesamtausstattung: Vanessa Weuffel
Innentypografie und Satz: Angelika Schön
Reproduktion: DIGIZWO GbR, Stuttgart
Druck und Bindung: Livonia Print, Riga
Inneklappen vorne: © Getty Images / 1482118225 (Ocatovio Jones)
Porträt Vorlage:© Getty Images / 1422401304 (Amy Sussman)

MIX
Papier | Fördert
gute Waldnutzung
FSC® C002795

© 2024 Planet!
in der Thienemann-Esslinger Verlag GmbH, Stuttgart
Alle Rechte vorbehalten.
Wir behalten uns die Nutzung unserer Inhalte für Text und
Data Mining im Sinne von § 44b UrhG ausdrücklich vor.

Inhalte fremder Webseiten, auf die in diesem Buch (etwa durch
Links) hingewiesen wird, macht sich der Verlag nicht zu eigen.
Eine Haftung dafür übernimmt der Verlag nicht.